Mit Rezepten um die Welt

SAFTIGE OBSTKUCHEN UND -TORTEN

Meister Verlag GmbH

INHALT

SAFTIGE OBSTKUCHEN UND -TORTEN AUS ALLER WELT

Knusprige, saftige oder luftige Teige mit Früchten, oft von einer zarten Sahne oder Pudding begleitet, das sind Kuchen-Kompositionen, die zu den köstlichsten der Welt gehören.

AFRIKA & NAHER OSTEN

Früchtekuchen, wie die Tarte à l'orange oder die Aprikosen-Eiercreme-Torte, sind typisch für Israel, Tansania und Kamerun. West- und Ostafrika zählen zu den ertragreichsten Obstanbaugebieten des Kontinents, dort wachsen Bananen, Datteln und Zitrusfrüchte. Auch in Israel, wo das Wasser knapp ist, sind die Märkte voll von frischem Obst und Gemüse.

OSTEUROPA

Den Backkünsten der östlichen Länder ist eines gemein: süße Üppigkeit. Ob Rußland oder Tschechien, an reichhaltigen Füllungen aus Quark und Mohn, Pflaumenmus und Beeren wird nicht gespart.

NORD- & MITTELEUROPA

Zu Kuchen gehört Kaffee, zu Europa die Kaffeehaus-Kultur, die ihre Blütezeit im Wien der 20er Jahre fand. Dort existieren noch heute 500 Kaffeehäuser, in denen vor allem Touristen die Kaffeespezialitäten und

MITTELMEERRAUM

berühmten Backwerke, wie Apfelstrudel, Linzer Torte oder Sachertorte, genießen. In Frankreich, Deutschland und Dänemark sind die Cafés zwar nicht zum Mythos verklärt, prägen aber ebenso das Alltagsbild.

Frisch, einfach, bodenständig – so läßt sich die Mittelmeerküche charakterisieren. Denn was sie enthält, kommt von den heimischen Märkten. Das gilt auch für Kuchen-Klassiker, wie Zitronen- oder Traubentorte.

MITTEL- & SÜDAMERIKA

Fast an der Weltspitze liegen Brasilien und Mexiko, wenn es um den Zuckerkonsum geht. Rund 50 kg Zucker verbraucht dort durchschnittlich jeder Einwohner pro Jahr. Kein Wunder, daß sirupgetränktes Gebäck mit Südfrüchten zu den althergebrachten Kuchengenüssen zählt. Ein Beispiel ist der mexikanische Pfirsichkuchen »Ante«.

NEUE WELT

Der Obst- und Gemüseanbau spielt in Australien, Neuseeland und den USA eine große Rolle. So wachsen im »Goldenen Staat« Kalifornien 250 Sorten Obst, Gemüse, Hülsenfrüchte und Getreide – eine der buntesten Paletten weltweit. Längst finden kalifornische Rosinen, Pflaumen und Obstkonserven den Weg nach Europa, aus Neuseeland kommen Kiwis und Äpfel. Typisch für diese Breitengrade sind unkomplizierte, mit Früchten belegte Torten.

ELSÄSSER HIMBEERTÖRTCHEN

FRANKREICH

Fein und sommerlich-frisch sind diese Mürbeteig-Törtchen für die elegante Kaffeetafel. Himbeeren, die edelsten aller Beerenfrüchte, versinken in einem Bett aus sahniger Vanillecreme.

ZUTATEN
(Für 8 Backförmchen, 10 cm Ø)

FÜR DEN TEIG
- 100 g Butter
- 200 g Mehl
- 1 Msp. Salz
- 40 g Zucker

FÜR DEN BELAG
- 1 Vanilleschote, ersatzweise 1 Pck. Vanillezucker
- ¼ l Milch
- 30 g Zucker
- 2 Eigelbe
- 20 g Speisestärke
- 100 g Schlagsahne
- 400 g Himbeeren
- Puderzucker zum Bestäuben

AUSSERDEM
- Mehl für die Arbeitsfläche
- Fett für die Förmchen
- 500 g getrocknete Hülsenfrüchte und Backpapier zum Blindbacken (siehe Küchen-Lexikon, Seite 62)

1 Die Butter in Stücke schneiden, mit Mehl, Salz, Zucker und 4 EL kaltem Wasser zu einem Mürbeteig verkneten. Eine Kugel formen, in Folie wickeln, 1 Stunde kühl stellen.

Schritt 1

2 Backofen auf 200 °C vorheizen. Den Teig auf einer bemehlten Arbeitsfläche ausrollen. Die gefetteten Förmchen damit auskleiden, die Ränder hochziehen. Backpapier in Förmchengröße zuschneiden, auf den Teig legen, mit Hülsenfrüchten beschweren. Etwa 8 Minuten backen (Gas 3; Umluft 180 °C). Hülsenfrüchte entfernen. Weitere 8 Minuten backen, bis die Törtchen gebräunt sind. Abkühlen lassen, aus den Förmchen stürzen.

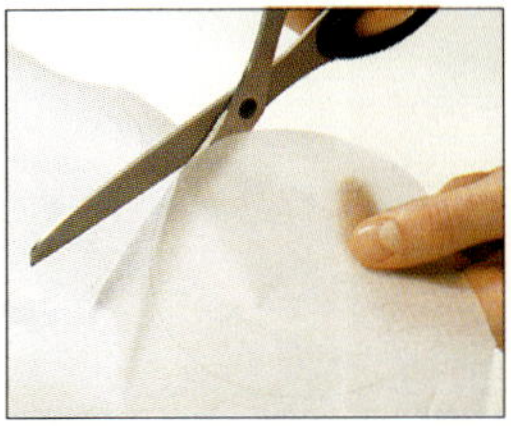
Schritt 2

3 Mark aus der Vanilleschote kratzen, beides in ⅛ l Milch erhitzen, Vanilleschote aus der Milch nehmen. Zucker mit Eigelben, Stärke und restlicher Milch verrühren. Eigelbmasse unter kräftigem Schlagen mit der heißen Milch verrühren. Bis kurz vor dem Siedepunkt erhitzen, so daß sie dickflüssig wird, dabei weiterrühren. Abkühlen lassen.

Schritt 3

4 Sahne steif schlagen, unter die Eigelbmasse heben. Dann auf den Törtchen verstreichen. Himbeeren darüber verteilen. Mit Puderzucker bestäuben und servieren.

Vorbereiten **50** Min. Kühlen **1** Std.
Backen **16** Min.
Pro Stück: 310 kcal/1300 kJ;
5 g EW; 17 g F; 17 g KH

TYPISCH ELSÄSSISCH

Ob als Nascherei am Nachmittag oder als Dessert nach dem abendlichen Diner – gefüllte Törtchen, luftige Windbeutel und bunte Petits fours sind in Frankreich sehr begehrt. »Süße Metropole« der Grande Nation ist nicht etwa Paris, sondern das elsässische Straßburg.

Backtips

- Rühren Sie die Vanillecreme während des Abkühlens gelegentlich durch, damit sich keine Haut bildet. Ist dies dennoch der Fall, passieren Sie die Creme einfach durch ein feines Haarsieb.
- Die abgekühlten Hülsenfrüchte können Sie in ein Schraubglas füllen und wiederverwenden.

Serviertip

Für festliche Anlässe können Sie die Törtchen mit feinen Streifen von Zitronenschalen garnieren. Dazu mit einem Zestenreißer die Streifen abziehen, blanchieren und dann zuckern.

Serviertip In Frankreich serviert man dazu einen »exprès«: schwarzer Mokka mit viel Zucker. Zu dem zarten Gebäck paßt ebenso ein feiner schwarzer Tee, wie beispielsweise Ceylon.

SOMMERFRÜCHTE »MILLEFEUILLES«

FRANKREICH

»Millefeuilles« bedeutet »Tausend Blätter«, und genau so sieht dieser Blätterteig aus: zart und luftig. Mit Sahne und frischen Sommerbeeren gefüllt, schmeckt er unwiderstehlich.

ZUTATEN
(Für 6 Stücke)

FÜR DEN TEIG

- 300 g Tiefkühl-Blätterteig, aufgetaut
- 750 g gemischte, entstielte Sommerbeeren (z. B. rote Johannisbeeren, Walderdbeeren oder Himbeeren)
- 60 g Zucker
- 300 g Schlagsahne
- 60 g Mandelblättchen
- 2 EL Puderzucker

AUSSERDEM

- Mehl für die Arbeitsfläche

ZUTATENTIP

Sie können verschiedene Beerensorten ganz nach Geschmack verwenden, vorausgesetzt, die Früchte sind vollreif und süß. Himbeeren vor der Zubereitung nicht waschen, weil sie sonst Wasser aufsaugen und dadurch an Geschmack verlieren.

1 Backofen auf 225 °C vorheizen. Teigplatten aufeinander legen, auf der bemehlten Arbeitsfläche zum Quadrat (36 x 36 cm) ausrollen. Von den Rändern ringsherum einen dünnen Streifen abschneiden. Das Quadrat längs in 3 Streifen, dann quer in 6 Abschnitte teilen, so daß 18 Stücke entstehen.

Schritt 1

2 Teigstücke auf zwei kalt abgespülte Backbleche legen, mehrmals einstechen. Nacheinander die Bleche auf der oberen Schiene im Ofen (Gas 4; Umluft 200 °C) in 15 Minuten goldbraun backen. Anschließend auf einem Rost abkühlen lassen.

Schritt 2

3 Inzwischen die Beeren waschen und verlesen, dann mit 30 g Zucker vorsichtig vermischen. Die Sahne leicht anschlagen, den restlichen Zucker dazugeben und die Sahne steif schlagen.

4 Nun 6 Teigstücke mit der Hälfte der Schlagsahne bestreichen. Einige Mandelblättchen darüberstreuen und die Hälfte der Früchte darauf verteilen. Mit je einem weiteren Teigstück, der Sahne, den Mandelblättchen und den Früchten belegen. Mit den letzten Teigstücken abdecken. Puderzucker darüberstreuen und servieren.

Schritt 4

Zubereiten **45** Min. Backen **15** Min.
Pro Stück: 790 kcal/3300 kJ;
10 g EW; 52 g F; 71 g KH

TYPISCH FRANZÖSISCH

Die Blätterteige der französischen Patisserie-Bäcker sind eine Wissenschaft für sich. Sie werden aufwendig hergestellt und dann mit großer Fingerfertigkeit in mehreren Lagen zusammengefaltet. Aber keine Angst, dieses Rezept ist sehr viel einfacher!

KLASSISCHE TARTE TATIN

FRANKREICH

ZUTATEN

(Für eine runde, stabile Tarte-Form, 28 cm Ø)

FÜR DEN TEIG

- 200 g Mehl
- 100 g Butter
- 1 Msp. Salz
- 1 Eigelb
- 2 EL Zucker

FÜR DEN BELAG

- 1 kg säuerliche Äpfel
- 100 g Butter
- 100 g Puderzucker

ZUTATENTIP

Die Äpfel für diesen Kuchen müssen in jedem Fall säuerlich sein. Gut eignen sich Boskoop, Gravensteiner, Cox Orange oder Jonagold. Ungeeignet sind Granny Smith, da diese Apfelsorte für den Belag zu saftig ist. Ebenfalls köstlich: Quitten oder Birnen.

Ein fruchtig-knuspriger Klassiker, der verkehrt herum gebacken und dann gestürzt wird. Am besten schmeckt die Tarte ganz frisch aus dem Ofen, zum Nachmittagskaffee oder als Dessert.

1 Die Teigzutaten mit 2-3 EL kaltem Wasser verkneten. Teig zu einer Kugel formen, in Folie wickeln und 1 Stunde kühl stellen.

2 Äpfel schälen und vierteln, große Äpfel achteln, Kerngehäuse entfernen. Butter in der Tarte-Form auf dem Herd bei schwacher Hitze schmelzen lassen. Puderzucker dazugeben und ebenfalls schmelzen lassen.

Schritt 2

3 Äpfel hinzufügen und bei mittlerer Hitze etwa 5-10 Minuten garen, bis sie rundherum karamelisiert sind. Falls sich Flüssigkeit bildet, diese einkochen lassen. Äpfel vom Herd ziehen, etwas abkühlen lassen. Den Backofen auf 220 °C vorheizen.

Schritt 4

4 Den Teig nochmals durchkneten, dann zwischen zwei Lagen Folie einen Kreis ausrollen, der etwas größer als die Form ist.

5 Eine Folienlage von dem Teig abziehen. Den Teig locker aufrollen und über den Äpfeln abrollen. Folie abziehen, Teig rundherum an der Form andrücken. 25-35 Minuten backen (Gas 4; Umluft 200 °C), bis die Tarte knusprig ist. 10 Minuten ruhen lassen. Den Teig vom Rand der Form lösen und die Tarte vorsichtig auf eine große Platte stürzen.

Schritt 5

Vorbereiten **45** Min. Kühlen **60** Min.
Backen **30-35** Min.

Pro Stück (12 Stücke):
271 kcal/1137 kJ;
2 g EW; 15 g F; 32 g KH

TYPISCH FRANZÖSISCH

Ein Rezept aus dem Apfel- und Cidre-Land: Den Schwestern Tatin, die Anfang dieses Jahrhunderts den Landgasthof »La Gare« in dem Dörfchen Lamotte-Beuvron betrieben, wird die Erfindung dieses Apfelkuchens zugeschrieben. Zumindest gaben sie ihm ganz unbescheiden ihren Namen.

Backtip

Am besten gelingt die Tarte in einer beschichteten, dickwandigen Backform. In ihr lassen sich die Äpfel problemlos auf dem Herd karamelisieren und lösen sich später leicht heraus. Tarte-Formen finden Sie auch unter der Bezeichnung Backblech im Handel.

Serviertip

Eine Tarte Tatin bringen Sie möglichst lauwarm auf den Tisch. Köstlich dazu ist eine Vanillesauce, kalt oder heiß, und ein Café au lait, der französische Milchkaffee.

JOHANNISBEERTORTE AUF LINZER ART

ÖSTERREICH

Ein feiner Kuchen von Weltruf, der hier leicht abgewandelt wurde. Anstelle von Marmelade kommen »Ribiseln«, wie Johannisbeeren in Österreich heißen, auf den Nußmürbeteig.

ZUTATEN

(Für 1 Springform, 26 cm Ø)

FÜR DEN TEIG

- 200 g Mehl
- 3 gehäufte EL gemahlene Haselnüsse
- 2 EL Milch
- 75 g Zucker
- 75 g eiskalte Butter
- 2 Eigelbe

FÜR DEN BELAG

- 600 g Johannisbeeren
- 4 Eiweiße
- 200 g Zucker
- 200 g gemahlene Haselnüsse

AUSSERDEM

- Fett für die Form
- Mehl für die Arbeitsfläche
- 250 g Hülsenfrüchte zum Blindbacken (siehe Küchen-Lexikon, Seite 62)

1 Das Mehl mit den Haselnüssen mischen, mit der Milch und dem Zucker in eine Rührschüssel füllen. Die Butter kleinschneiden und mit den Eigelben dazugeben. Mit den Knethaken des Handrührgeräts zu einem geschmeidigen Teig verarbeiten. Nochmals mit den Händen kneten, zu einer Kugel formen, in Folie wickeln und mindestens 30 Minuten in den Kühlschrank legen.

Schritt 1

2 Johannisbeeren waschen, abtropfen lassen und mit einer Gabel von den Stielen streifen. Den Backofen auf 200 °C (Gas 3; Umluft 180 °C) vorheizen.

Schritt 2

3 Auf der bemehlten Arbeitsfläche den Teig ausrollen. In die gefettete Form legen, einen 3 cm hohen Rand formen. Den Teigboden mit einer Gabel mehrmals einstechen. Mit Backpapier auslegen, die Hülsenfrüchte darauf verteilen und 15 Minuten backen.

4 Die Eiweiße sehr steif schlagen, dabei den Zucker langsam dazurieseln lassen. Die gemahlenen Nüsse untermischen, dann die Beeren unterheben. Die Mischung auf dem vorgebackenen Boden verteilen. Den Kuchen weitere etwa 40 Minuten bei 180 °C (Gas Stufe 2; Umluft 160 °C) backen.

Schritt 4

Vorbereiten **40** Min. Backen **1** Std.

Pro Stück (12 Stücke):
360 kcal/1515 kJ;
7 g EW; 19 g F; 39 g KH

TYPISCH ÖSTERREICH

In Sachen Zuckerbäckerei ist das kleine Alpenland weltweit zu Ruhm gelangt, und das nicht nur durch die Kreation der Torte aus Linz. Süße Spezialitäten wie Vanillekipferl, Gugelhupf, Sachertorte und Apfelstrudel mit Vanillesauce sind international ein Begriff.

Backtip

Wenn Sie die original Linzer Torte probieren möchten, würzen Sie den Teig mit Zimt, Nelken und Zitronenschale. Bestreichen Sie den Tortenboden fingerdick mit Johannisbeermarmelade anstelle der Beerenfüllung, und geben Sie ausgerollte Teigstreifen gitterförmig darüber. Blindbacken ist nicht notwendig.

Serviertip

Dazu schmeckt Schlagsahne, die mit Johannisbeerlikör aromatisiert wird.
Als Getränk sind Wiener Kaffeespezialitäten ideal: Fiaker, ein gesüßter Mokka im Glas; Melange, Milchkaffee mit Milchschaum oder ein Einspänner, Mokka mit Sahne und Kakao.

AUGSBURGER ZWETSCHGENDATSCHI

DEUTSCHLAND

ZUTATEN
(Für 1 Backblech)

FÜR DEN TEIG
- 500 g Mehl, 1 Msp. Salz
- 30 g frische Hefe
- ¼ l lauwarme Milch
- 50 g Zucker
- 50 g Butter
- 1 Ei
- abgeriebene Schale von 1 unbehandelten Zitrone

FÜR DEN BELAG
- 2 kg Zwetschgen (siehe Zutatentip)
- 200 g Mehl
- 1 TL gemahlener Zimt
- 150 g Zucker
- 150 g Butter

AUSSERDEM
- Fett für das Backblech

ZUTATENTIP
Bei sehr süßen Zwetschgen können Sie auf das Bestreuen mit Zucker verzichten.

Wenn der Sommer mit den letzten warmen Tagen ausklingt, kann es mancher kaum erwarten: Herbstzeit ist Zwetschgenzeit. Und aus den Küchen duftet es nach Hefekuchen.

1 Für den Teig das Mehl mit dem Salz in einer Schüssel mischen, in der Mitte eine Mulde formen. Hefe zerkrümeln, mit wenig Milch und Zucker verrühren. In die Mulde geben, zugedeckt 15 Minuten ruhen lassen.

2 Butter in der restlichen Milch schmelzen lassen. Mit Ei, Zitronenschale und dem restlichen Zucker zum Mehl geben und zu einem geschmeidigen Teig verkneten. In der Schüssel zugedeckt etwa 1 Stunde gehen lassen, bis sich das Volumen verdoppelt hat.

3 Für den Belag die Zwetschgen waschen und trockenreiben. An einer Seite einschneiden, aufklappen und Kerne entfernen.

4 Für die Streusel das Mehl mit dem Zimt und 100 g Zucker mischen. Die Butter schmelzen und langsam zum Mehl tropfen lassen. Alles mit einer Gabel nur so lange vermengen, bis sich Streusel bilden.

5 Den Backofen auf 200 °C vorheizen. Teig nochmals durchkneten, auf dem gefetteten Blech ausrollen, mit Zwetschgen belegen und mit dem restlichen Zucker bestreuen. Streusel darauf verteilen. Datschi (Gas 3; Umluft 180 °C) etwa 35 Minuten backen.

Schritt 1

Schritt 4

Schritt 5

Zubereiten 1 Std. 15 Min.
Backen 35 Min.
Pro Stück (20 Stücke):
290 kcal/1208 kJ;
5 g EW; 9 g F; 46 g KH

TYPISCH DEUTSCH
»Datschis Wiege« steht in Augsburg, doch hat er die Landesgrenzen überwunden. Was den Bayern der Datschi, ist den Norddeutschen ihr Pflaumenkuchen. In Schwaben ißt man Zwetschgedätsch, in Hessen Quetschekuche – zur Kartoffelsuppe –, aber mäßig gesüßt.

Backtip

Dieser Kuchen schmeckt nicht nur mit Zwetschgen. Das restliche Jahr über können Sie ihn auch mit anderem Obst zubereiten. Besonders gut eignen sich Rhabarber, Äpfel, Quitten, Birnen und Kirschen, aber auch Stachelbeeren und blaue Trauben sind möglich.

Serviertip

Zum klassischen Zwetschgendatschi gibt es traditionell nur eines: eine große Portion Schlagrahm! Als Getränk darf Kaffee nicht fehlen.

RHABARBERSCHNITTEN

DEUTSCHLAND

Eine überaus köstliche Möglichkeit, die kurze Rhabarbersaison aus heimischen Landen zu nutzen: knuspriger Teigboden, fruchtiger Belag und ein flockig leichter Überzug.

ZUTATEN
(Für 1 Backblech)

FÜR DEN TEIG
- 400 g Mehl
- 200 g Butter
- 100 g Zucker, 1 Msp. Salz
- 2 Eigelbe

FÜR DEN BELAG
- 1 kg Rhabarber
- 125 g Zucker
- 4 Eier
- 3 Pck. Bourbon-Vanillezucker
- 2 EL trockener Weißwein
- 125 g gemahlene Haselnüsse

AUSSERDEM
- Mehl für das Backblech

ZUTATENTIP
Rhabarber, ein Gemüse und kein Obst, hat von April bis Juli Saison. Danach entwickelt er Giftstoffe und sollte nicht mehr verzehrt werden.

1 Mehl mit der Butter in Stücken, Zucker, Salz, Eigelben und 2 EL Wasser zu einem glatten Teig verkneten. Zur Kugel formen und in Folie gewickelt 1 Stunde kühl stellen.

2 Den Rhabarber waschen, von den Fäden befreien und in etwa 1 cm große Stücke schneiden. In einer Schüssel mit 2 EL Zucker mischen und Saft ziehen lassen.

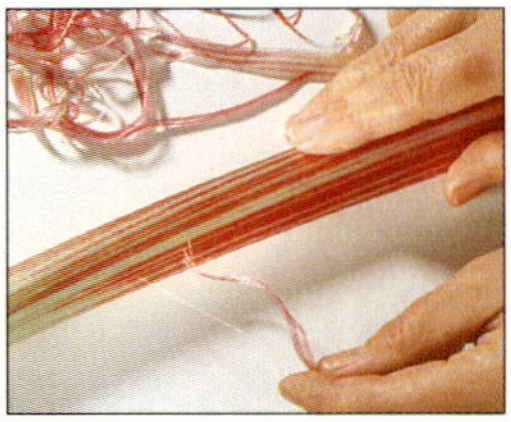

Schritt 2

3 Teig nochmals kneten, auf einem leicht bemehlten Backblech ausrollen. Backofen auf 180 °C vorheizen.

4 Für den Belag Eier trennen. Eigelbe mit dem restlichen Zucker, dem Vanillezucker und dem Wein sehr schaumig schlagen. Eiweiße steif schlagen, darauf geben, 80 g Nüsse darauf streuen. Mit dem Schneebesen locker, aber gründlich vermengen.

Schritt 4

5 Den Mürbeteig im Ofen (Gas 2; Umluft 160 °C) etwa 10 Minuten vorbacken. Dann herausnehmen, mit den übrigen Nüssen bestreuen, mit dem abgetropften Rhabarber belegen und mit der Eiermasse bedecken. Den Kuchen in etwa 25 Minuten fertig backen und als Schnitten servieren.

Schritt 5

Vorbereiten **35** Min. Kühlen **60** Min.
Backen **35** Min.
Pro Stück (20 Stücke):
240 kcal/995 kJ;
4 g EW; 13 g F; 26 g KH

TYPISCH DEUTSCH
Obwohl Rhabarber seine Wurzeln in Asien hat und erst über England nach Deutschland kam, hat er hier schnell einen festen Platz in Garten und Küche erobert. Vor allem im Norden und Süden des Landes ist Rhabarber als Kompott eine beliebte Spezialität.

BACKTIP

- Rhabarber zieht beim Backen viel Saft. Damit der Teig nicht zu feucht wird, Rhabarber deshalb vorher mit Zucker überstreuen und mischen. Dann saftig werden und gut abtropfen lassen.
- Je saftiger er ist, desto mehr gemahlene Nüsse oder ersatzweise Semmelbrösel auf den Teig geben.

SERVIERTIP

Geben Sie einen Schuß Portwein oder Sherry in etwas Schlagsahne – so aromatisiert ist sie eine ungewöhnliche Ergänzung zu Rhabarberkuchen.

VERSUNKENE FRÜCHTE 3 x ANDERS

Aus einem lockeren Rührteig schaut saftiges Obst hervor – fast jedes europäische Land kennt ein Rezept für einen solchen Kuchen.

GRUNDREZEPT RÜHRTEIG

Dieser Teig kann mit Schokolade oder Gewürzen, Früchten oder Nüssen verfeinert werden.

(FÜR 1 SPRINGFORM, 26 CM Ø)

- 125 g weiche Butter
- 125 g Zucker
- 1 Pck. Vanillezucker
- 1 Msp. Salz
- 3 Eier
- 250 g Mehl
- 3 gestrichene TL Backpulver
- 3-4 EL Milch
- Fett für die Form

1 Butter und Zucker mit den Schneebesen des Handrührgeräts schaumig schlagen. Vanillezucker, Salz und Eier unterrühren.

2 Mehl mit Backpulver mischen, abwechselnd mit der Milch unterrühren, bis ein zähflüssiger Teig entstanden ist. Den Teig je nach Rezept weiterverarbeiten.

APFELKUCHEN MIT NÜSSEN

Zubereiten **30** Min. Backen etwa **50** Min.

DEUTSCHLAND

FÜR DEN TEIG NOCH

- abgeriebene Schale von ½ unbehandelten Zitrone

FÜR DEN BELAG

- 100 g Walnüsse
- 2 EL Butter
- 2 EL Zucker
- 750 g Äpfel
- Zitronensaft
- Puderzucker zum Bestäuben

3 Die Zitronenschale unter den Teig rühren und diesen in die gefettete Form füllen.

Den Backofen auf 200 °C vorheizen.

4 Nüsse hacken, in heißer Butter wenden, zuckern, karamelisieren, abkühlen lassen.

5 Äpfel schälen, in Spalten teilen, mit Zitronensaft beträufeln, auf den Teig legen. Nüsse darüberstreuen. 50 Minuten (Gas 3; Umluft 180 °C) backen, auf einem Kuchengitter abkühlen lassen.

6 Kuchen vor dem Servieren mit Puderzucker bestäuben.

Birnen-Schoko-Kuchen

Vorbereiten **30** Min. Backen **50** Min.

Frankreich

FÜR DEN TEIG NOCH
- **3 gehäufte EL Nußnougat-Creme**

FÜR DEN BELAG
- **1 kg feste Birnen (z. B. Williams Christ), ersatzweise Hälften aus der Dose**
- **Saft von ½ Zitrone**
- **4 cl Williams-Birne oder Birnensaft**
- **Puderzucker, Kakao zum Bestäuben**

3 Den Backofen auf 175 °C vorheizen. Die Nußnougat-Creme unter den Teig rühren. Die Form fetten und den Teig hineinfüllen.

4 Birnen schälen, vierteln und entkernen. Dosenobst im Sieb abtropfen lassen. Früchte mit Zitronensaft und Schnaps oder Saft beträufeln, zugedeckt ziehen lassen. 5 Minuten mit wenig Wasser bei schwacher Hitze dünsten, abtropfen lassen.

5 Die Birnen kranzförmig auf den Teig legen. 40-50 Minuten (Gas 2; Umluft 150 °C) backen und abkühlen lassen. Mit Puderzucker und Kakao bestäuben.

Pfirsichkuchen mit Mandeln

Zubereiten **30** Min. Backen **50** Min.

Italien

FÜR DEN TEIG NOCH
- **2 cl Amaretto oder ½ Fläschchen Bittermandelaroma**

FÜR DEN BELAG
- **1 kg Pfirsiche, ersatzweise Hälften aus der Dose**
- **25 g Mandelstifte**
- **1 EL Butter**
- **2 EL Puderzucker**

3 Amaretto oder Bittermandelaroma mit der Milch unter den Teig rühren. In die gefettete Form füllen. Backofen auf 200 °C vorheizen.

4 Pfirsiche kreuzweise einschneiden, mit kochendem Wasser überbrühen. Kurz ziehen lassen, kalt abschrecken, häuten, halbieren, Kerne entfernen. Dosenobst im Sieb abtropfen lassen.

5 Die Mandelstifte in Butter rösten und mit den Pfirsichen auf dem Teig verteilen. Mit Puderzucker bestäuben. 40-50 Minuten (Gas 3; Umluft 180 °C) backen.

ERDBEERTORTE »WIMBLEDON«

GROSSBRITANNIEN

ZUTATEN

(Für 1 Springform, 26 cm Ø)

FÜR DEN TEIG

- 175 g Mehl
- 50 g gemahlene Mandeln
- 100 g Butter, 1 Ei
- 1 Msp. Salz, 30 g Zucker

FÜR DEN BELAG

- 150 g Aprikosenmarmelade
- 1 EL Grappa
- 1 EL Zitronensaft
- 700 g Erdbeeren
- einige Blätter frische Minze
- 75 g Zucker
- 1 unbehandelte Orange
- 1-2 EL Puderzucker

AUSSERDEM

- Fett für die Form
- 500 g getrocknete Hülsenfrüchte zum Blindbacken (s.Küchen-Lexikon, S. 62)

ZUTATENTIP

Ersatz für den Tresterschnaps Grappa: jede Art Obstler.

Erdbeergenuß auf die feine englische Art: Die Früchte sind auf einen knusprigen Mandel-Mürbeteig mit einer Schicht Gelee gebettet. Streifen von Orangenschale verleihen eine herbe Note.

1 Mehl mit Mandeln, Butter in Stücken, Ei, Salz und Zucker verkneten. Zur Kugel formen, in Folie wickeln. 1 Stunde kühl stellen.

2 Backofen auf 200 °C vorheizen. Teig rund ausrollen und die gefettete Springform damit auskleiden. Dabei einen 2 cm hohen Rand formen. Backpapier in der Größe der Form zuschneiden, Teig damit belegen, mit Hülsenfrüchten beschweren.

3 Im Ofen (Gas 3; Umluft 180 °C) etwa 10 Minuten backen. Hülsenfrüchte und Papier entfernen. Boden weitere 10 Minuten backen, bis er gebräunt ist. Abkühlen lassen.

4 Marmelade mit Obstler und Zitronensaft verrühren, auf dem Tortenboden verstreichen. Erdbeeren waschen, trockentupfen, entstielen und halbieren. Minze waschen, trockentupfen und fein hacken. Erdbeeren mit Zucker und Minze mischen, kurz ziehen lassen. Die Orange waschen und trockenreiben. Mit dem Zestenreißer von der Schale möglichst lange Streifen abziehen.

5 Erdbeeren auf dem Tortenboden verteilen und mit der Orangenschale belegen. Mit Puderzucker bestäuben und servieren.

Schritt 2

Schritt 4

Schritt 5

Vorbereiten **40** Min. Kühlen **60** Min.
Backen **20** Min.
Pro Stück (12 Stücke):
230 kcal/962 kJ;
3 g EW; 10 g F; 31 g KH

TYPISCH LONDON

Erdbeeren gehören zu England wie Schlagsahne zu Erdbeeren. Die exklusivsten Erdbeerzüchtungen werden Ende Juni in erlauchtem Kreis genossen, ein Gläschen Schampus inklusive. Da wird Tennis schnell zur Nebensache, auch wenn der Schauplatz Wimbledon heißt...

Backtip

- Wer keinen Zestenreißer hat, schält die Orangenschale so dünn ab, daß keine weiße Haut daran verbleibt. Schale dann in feine Streifen schneiden.
- Ist die Schale noch so dick, daß sie nicht weich fällt, blanchieren Sie die Streifen kurz in kochendem Wasser, das mit etwas Orangenlikör aromatisiert ist.

Serviertip

Richten Sie die Tortenstücke auf Tellern mit Zitronenblumen an. Dazu eine Zitrone in Scheiben schneiden, die Scheibenränder mit einem kleinen Messer zickzackförmig einschneiden. Als Stengel und Blätter können Sie frische Minze oder Zitronenmelisse verwenden.

SCHOTTISCHE HIMBEER-STACHELBEER-TORTE

GROSSBRITANNIEN

Saftige Himbeeren, Stachelbeeren und sahnige Eiercreme unter einem süßen Baisergitter – ein extravagantes, frisch-fruchtiges Dessert oder schöner Mittelpunkt des Nachmittagstees.

ZUTATEN
(Für 10 Stücke)

- 250 g Stachelbeeren
- 250 g Himbeeren
- 1 fertig gekaufter Mürbeteigboden
- 60 g gemahlene Mandeln
- 2 Eier
- 100 g Zucker
- 1 Pck. Vanillezucker
- 1 TL Speisestärke
- 200 g Schlagsahne

ZUTATENTIPS

Verwenden Sie statt Stachelbeeren einmal die aromatischen Physalis, auch Kap-Stachelbeeren genannt, und Erdbeeren statt Himbeeren. Gemahlene Mandeln lassen sich gut durch gemahlene Haselnüsse ersetzen.

1 Die Stachelbeeren und die Himbeeren verlesen. Blütenansätze von den Stachelbeeren abknipsen. Die Stachelbeeren danach waschen und gut abtropfen lassen.

2 Backofen auf 200 °C vorheizen. Teigboden auf ein Backblech legen und mit den Mandeln bestreuen. Einige schöne Früchte zum Garnieren beiseite legen, übrige Beeren auf dem Tortenboden anrichten.

3 Die Eier trennen. Die Eigelbe mit 2 EL Zucker und dem Vanillezucker in eine Schüssel geben und mit den Schneebesen des Handrührgeräts cremig aufschlagen. Die Speisestärke und die Sahne unterrühren. Sahnecreme gleichmäßig über die Früchte geben. Den Kuchen im Ofen (Gas 3; Umluft 180 °C) 20 Minuten backen.

4 Die Eiweiße steif schlagen, dabei den restlichen Zucker einrieseln lassen. Die Baisermasse in einen Spritzbeutel füllen.

5 Torte mit der Baisermasse verzieren und weitere 5-10 Minuten backen, bis sich der Baiser goldbraun färbt. Mit den beiseite gelegten Beeren garnieren, sofort servieren.

Schritt 2

Schritt 3

Schritt 5

Zubereiten 35 Min. Backen 30 Min.
Pro Stück: 310 kcal/1300 kJ;
5 g EW; 17 g F; 36 g KH

TYPISCH SCHOTTISCH

Etwa 90 Prozent aller in Großbritannien verzehrten Himbeeren kommen aus dem schottischen Hochland. Regenfälle im Frühsommer, gefolgt von Sommersonne, schaffen ideale Bedingungen für den Anbau der Sträucher. Die süßen Beeren gelten als die besten der Insel.

Backtip

- Füllen Sie die Baisermasse in den Spritzbeutel, bevor Sie die Torte aus dem Backofen nehmen. So können Sie die Masse auf die warme Torte spritzen und diese sofort in den Ofen zurückschieben.
- Der Baiser bleibt schön trocken, wenn Sie mit dem Zucker 1 TL Speisestärke einrieseln lassen.

Serviertip

Dazu schmeckt schwarzer Tee mit Milch, wie ihn die Engländer gern trinken, oder mit Zitrone. Als Abschluß können Sie Ihren Gästen dann ein Gläschen schottischen Whisky einschenken.

ENGLISCHE BROMBEER-PIE

GROSSBRITANNIEN

ZUTATEN

(Für 1 hohe, runde Pie-Form)

- 300 g Tiefkühl-Blätterteig
- 500 g Brombeeren
- 100 g Zucker
- 1 TL gemahlener Zimt
- 1 unbehandelte Zitrone
- 100 g Shortbread (siehe Zutatentip)
- 100 g gemahlene Haselnüsse

AUSSERDEM

- Mehl für die Arbeitsfläche
- 1 Eigelb
- 2 EL Milch

ZUTATENTIP

Fast ebenso traditionsreich wie die Pie ist in Großbritannien das Shortbread (wörtlich übersetzt: »kurzes Brot«). Das knusprige Gebäck können Sie bei diesem Rezept auch durch Mürbeteigkekse, zum Beispiel Holländische Kringel, ersetzen.

Unter luftig lockerem Blätterteig versteckt sich eine herrliche Beerenfüllung. Eine Köstlichkeit für die Nachmittagseinladung oder als Dessert nach einem leichten Essen.

1 Blätterteig auftauen lassen. Inzwischen Brombeeren waschen, gut abtropfen lassen. Mit Zucker und Zimt mischen. Zitrone heiß waschen und trockenreiben. Die Schale fein abreiben. Eine Zitronenhälfte auspressen. Die Shortbreads in eine Plastiktüte geben und mit dem Nudelholz zerkleinern.

2 Zitronenschale mit 1 EL Zitronensaft verrühren. Dann mit den Shortbread-Bröseln, den Haselnüssen und den Brombeeren vermischen. Backofen auf 220 °C vorheizen.

3 Blätterteigplatten aufeinanderlegen und auf wenig Mehl dünn ausrollen. Einen runden Teigdeckel in Größe der Form ausschneiden. Restlichen Teig nochmals aufeinanderlegen (nicht verkneten!), ausrollen und die kalt ausgespülte Form damit auskleiden. Brombeermasse einfüllen, Deckel auflegen und die Ränder gut zusammendrücken.

4 In der Mitte der Pie mit einem Messer ein Loch ausschneiden. Eigelb mit Milch verquirlen, Teig damit bestreichen. Aus den Teigresten Motive ausschneiden und den Teigdeckel damit verzieren. Pie 30 Minuten backen (Gas 4; Umluft 200 °C).

Schritt 2

Schritt 3

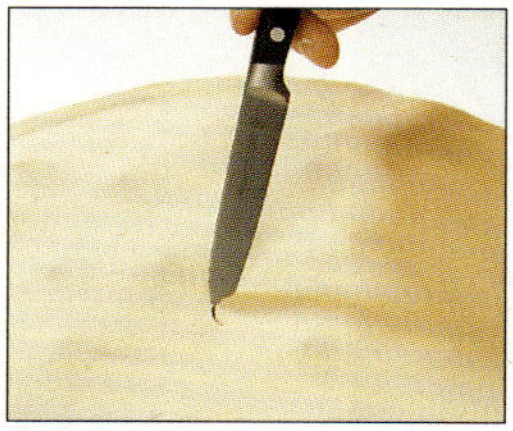

Schritt 4

Vorbereiten **45** Min. Backen **30** Min.
Pro Stück (12 Stücke):
242 kcal/1013 kJ;
4 g EW; 13 g F; 27 g KH

TYPISCH BRITISCH

Pies, diese mit einer Teigdecke versehenen Pasteten, gehören zu den bekanntesten Spezialitäten Großbritanniens. Neben süßen Varianten gibt es auch zahlreiche pikante. Im Mittelalter vermischte man sogar beides: Auf Fleisch-Pies gehörte damals Zucker.

BACKTIPS

• Die Pie-Form muß vor dem Auslegen mit Blätterteig unbedingt kalt ausgespült werden, da der Teig sonst nicht richtig aufgeht und schön luftig wird.

• Der Teigdeckel für die Pie läßt sich am einfachsten ausschneiden, wenn man die Pie-Form auf den Teig drückt und mit einem Messer darumherum schneidet.

SERVIERTIP

Pies schmecken am besten, wenn sie frisch aus dem Backofen kommen, also noch schön warm sind. Zu dieser Variante mit Brombeerfüllung können Sie ein erfrischendes Zitroneneis anbieten.

Serviertip Füllen Sie mit einem Spritzbeutel Schlagsahne in ein Glasschälchen, und geben Sie dann ein wenig Kirschlikör darüber. Das Sahneschälchen mit einigen Cocktailkirschen dekorieren.

KOPENHAGENER KIRSCHTORTE

DÄNEMARK

Der lockere Teig mit feinen Mandeln und saftigen Kirschen ergibt einen schönen Sonntagskuchen. Zimt darf nicht fehlen, er ist eines der häufigsten Gewürze in dänischem Gebäck.

ZUTATEN

(Für 1 Springform, 26 cm Ø)

- 750 g frische Sauerkirschen oder 2 Gläser Kirschen (je 350 g Abtropfgewicht)
- 125 g zimmerwarme Butter
- 125 g Zucker
- 4 TL gemahlener Zimt
- 1 Msp. Salz
- abgeriebene Schale von ½ unbehandelten Zitrone
- 3 Eier
- 250 g Mehl
- 3 TL Backpulver
- 50 g gemahlene Mandeln
- 3 EL Milch
- 3-4 EL Kirschlikör, ersatzweise Kirschsaft

AUSSERDEM

- Fett für die Form
- 2 EL Puderzucker zum Bestäuben

1 Frische Kirschen entstielen, waschen, trockentupfen und entsteinen. Kirschen aus dem Glas in einem Sieb gut abtropfen lassen, den Saft auffangen und anderweitig verwerten.

2 Butter und Zucker mit den Schneebesen des Handrührgeräts schaumig schlagen, bis sich der Zucker aufgelöst hat. 2 TL Zimt, das Salz und die Zitronenschale hinzufügen. Eier nacheinander unterarbeiten.

3 Backofen auf 180 °C vorheizen. Das Mehl mit dem Backpulver mischen und abwechselnd mit den Mandeln, der Milch und dem Kirschlikör unter die Buttercreme arbeiten. Eine Springform ausfetten, den Teig hineinfüllen und glattstreichen. Die Kirschen darauf verteilen.

4 Den Kuchen 40-50 Minuten backen (Gas Stufe 2; Umluft 160 °C), aus dem Ofen nehmen und auf einem Kuchengitter abkühlen lassen. Aus der Springform lösen und auf eine Tortenplatte setzen. Kurz vor dem Servieren den Puderzucker und den restlichen Zimt vermischen und den Kuchen damit bestäuben.

Schritt 1

Schritt 2

Schritt 3

Vorbereiten **35** Min. Backen **50** Min.
Pro Stück (12 Stücke):
260 kcal/1100 kJ;
3 g EW; 13 g F; 31 g KH

TYPISCH DÄNISCH

Wenn man in Skandinavien vom 21. auf den 22. Juni die Sonnenwende feiert, ist die erste Kirschernte längst eingeholt. Dann gibt es nicht nur Kuchen, sondern auch Hochprozentiges aus den Früchten. Dänischer Kirschlikör wird weltweit in vielen Cocktails verwendet.

FINNISCHER HEIDELBEERKUCHEN

FINNLAND

Süße, geschmackvolle Waldbeeren hier einmal ungewöhnlich kombiniert: mit viel Crème fraîche und Quark. Optischer Blickfang sind zudem gezackte Bänder aus Mürbeteig.

ZUTATEN

(Für 1 Springform, 24 cm Ø)

FÜR DEN TEIG

- 250 g Mehl
- 50 g gemahlene Haselnüsse
- 75 g Zucker, 1 Msp. Salz
- ½ EL gemahlener Zimt
- 125 g kalte Butter, 1 Ei

FÜR DEN BELAG

- 300 g frische oder unaufgetaute Tiefkühl-Heidelbeeren
- 150 g Crème fraîche
- 250 g Magerquark
- 75 g Zucker
- abgeriebene Schale von ½ unbehandelten Zitrone
- 2 EL Speisestärke
- 2 Eigelbe

AUSSERDEM

- 500 g getrocknete Hülsenfrüchte und Backpapier zum Blindbacken
- Fett für die Form

1 Mehl, Nüsse, Zucker, Salz und Zimt mischen. Butter in Stücken untermischen. Ei dazugeben und alles zu einem Teig verkneten. Zur Kugel formen, in Folie wickeln, 30 Minuten kalt stellen.

Schritt 1

2 Den Backofen auf 200 °C vorheizen. Die Form ausfetten. Den Teig auf einer bemehlten Fläche ausrollen. Form damit auslegen, dabei einen 3 cm hohen Rand formen. Aus dem restlichen Teig mit einem Teigrädchen 1,5 cm breite Streifen ausschneiden.

Schritt 2

3 Teigboden mit einer Gabel mehrmals einstechen. Mit Backpapier bedecken und mit den Hülsenfrüchten bestreuen. Im Ofen (Gas Stufe 3; Umluft 180 °C) 15 Minuten vorbacken.

4 Die frischen Heidelbeeren waschen und gut abtropfen lassen. Aus Crème fraîche, Quark, Zucker, Zitronenschale, Speisestärke und Eigelben eine Creme rühren. Den vorgebackenen Teig herausnehmen, Hülsenfrüchte und Papier entfernen. Creme auf den Teig streichen. Frische Heidelbeeren oder die unaufgetauten Beeren darauf verteilen. Teigstreifen rosettenförmig auf die Beeren legen. Den Kuchen in 40 Minuten fertig backen.

Schritt 4

Vorbereiten **20** Min. Kühlen **30** Min. Backen **55** Min.
Pro Stück (8 Stücke):
480 kcal/2002 kJ;
10 g EW; 25 g F; 52 g KH

TYPISCH FINNISCH

Die Finnen, heißt es, seien ein Volk der Sammler. Wenn im Sommer die Beeren heranreifen, sieht man viele Familien durch die ausgedehnten Wälder streifen. Die gefundenen Schätze kommen nicht nur in Kuchen, sondern werden auch mit Milch und Zucker gegessen.

Backtip

So läßt sich der Teig für den Heidelbeerkuchen am einfachsten herstellen: Vermischen die die Zutaten zunächst grob mit den Knethaken des Handrührgeräts und kneten Sie den Teig anschließend schnell mit den Händen fertig.

Serviertip

Erfrischend schmeckt dazu Sauerrahm, der mit etwas Zucker verrührt und gut gekühlt serviert wird. Fein als Getränk: aromatisierter Haselnußkaffee, den es jetzt als Fertigprodukt in Kaffeegeschäften und Supermärkten zu kaufen gibt.

CRANBERRY-TORTE AUS DEM BAIKAL

RUSSLAND

Knusprige, zarte Teigschichten, zusammengesetzt mit einer Füllung aus Cranberries, einer feinherben Preiselbeerart: Diese Backspezialität aus Sibirien gelingt ganz leicht.

ZUTATEN

(Für 1 Springform, 28 cm Ø)

FÜR DEN TEIG

- 100 g weiche Butter
- 80 g Zucker
- 1 Ei
- 300 g Mehl, 1 Msp. Salz
- 2 TL Backpulver

FÜR DEN BELAG

- 300 g Cranberries (siehe Zutatentip) oder Preiselbeeren im Glas
- 175 ml Orangensaft
- 1 EL Zitronensaft
- 60 g Zucker
- 6 Blatt weiße Gelatine
- 250 g Schlagsahne
- 1 Pck. Vanillezucker

AUSSERDEM

- Fett und Mehl für die Form

ZUTATENTIP

Cranberries gibt es im Spätherbst meist in Folienbeuteln im Supermarkt zu kaufen.

1 Butter, Zucker, Ei schaumig schlagen. Mehl, Salz und Backpulver unterkneten.

2 Backofen auf 200 °C vorheizen. Form ausfetten, mit Mehl bestäuben. Ein Drittel des Teiges entsprechend groß ausrollen und in der Form im Ofen (Gas 3; Umluft 180 °C) 8-10 Minuten backen. Abkühlen lassen. Auf die gleiche Art noch 2 Tortenböden backen.

Schritt 2

3 Beeren waschen, Glasobst abtropfen lassen. Mit Zitrussaft und Zucker (bei Preiselbeeren ohne Zucker) 5 Minuten köcheln lassen. 2 EL Beeren beiseite stellen. Gelatine 5 Minuten in kaltem Wasser einweichen, abtropfen lassen und im Beerenkompott auflösen. Etwa 40 Minuten kühl stellen.

Schritt 3

4 Sahne mit Vanillezucker steif schlagen, ein Viertel beiseite stellen, Rest unter die Beeren heben. 15 Minuten kalt stellen.

5 Einen Tortenboden mit dem Springformrand umschließen. Mit der Hälfte der Beerensahne bestreichen, mit einem zweiten Boden bedecken, mit der restlichen Beerensahne bestreichen. Dritten Boden auflegen, mit Schlagsahne bestreichen. 2 Stunden kühl stellen. Mit den restlichen Beeren garnieren.

Schritt 5

Vorbereiten **1** Std. Backen **25** Min. Kühlen **2** Std.

Pro Stück (12 Stücke):
275 kcal/1152 kJ;
4 g EW; 8 g F; 33 g KH

TYPISCH RUSSISCH

Keine Beerenart ist in Rußland so weit verbreitet wie Cranberries, obwohl sie nicht kultiviert werden. Man ißt die Wildfrüchte dort als Kompott zu Fleischbällchen und Geflügel, verwendet sie in Desserts oder kandiert sie einfach als preiswerte Nascherei mit Zucker.

Backtips

- Der Teig läßt sich am besten zwischen zwei Lagen Frischhaltefolie ausrollen. Die Ränder dann entsprechend des Formbodens glattschneiden.
- Statt des Springformrands eignet sich auch ein Tortenring sehr gut, um die Böden zusammenzusetzen und im Kühlschrank fest werden zu lassen.

Serviertip

Die Cranberry-Torte sieht noch üppiger aus, wenn sie ähnlich wie eine Schwarzwälder Kirschtorte zusätzlich mit geriebener Schokolade oder Borkenschokolade verziert wird.

Böhmischer Kleckselkuchen

Mit Pflaumenmus, Mohn und Quark reich belegt, ist dieser Blechkuchen ideal für die Bewirtung einer größeren Runde. Auch Kinder sind von Aussehen und Geschmack begeistert.

Tschechien

ZUTATEN
(Für 1 Backblech)

FÜR DEN TEIG
- 500 g Mehl, 1 Msp. Salz
- 30 g frische Hefe
- ¼ l lauwarme Milch
- 50 g Zucker
- 50 g Butter, 1 Ei
- abgeriebene Schale von 1 unbehandelten Zitrone

FÜR DEN BELAG
- 375 ml Milch
- 200 g gemahlener Mohn
- 180 g Zucker
- 2 Eier
- 400 g Quark
- 3 EL Schlagsahne
- abgeriebene Schale und Saft von ½ unbehandelten Zitrone
- 300 g Pflaumenmus
- 1 TL gemahlener Zimt

FÜR DIE STREUSEL
- 200 g Mehl, 50 g Zucker
- 125 g Butter

1 Das Mehl mit dem Salz in einer Schüssel mischen, in der Mitte eine Mulde formen. Die Hefe zerkrümeln und mit etwas Milch und etwas Zucker in der Mulde verrühren. Zugedeckt 15 Minuten ruhen lassen.

2 Butter in der restlichen Milch zerlaufen lassen. Mit Ei, Zitronenschale und restlichem Zucker zum Mehl geben, verkneten. Den Teig zugedeckt 1 Stunde gehen lassen.

3 Milch aufkochen, Mohn mit der Hälfte des Zuckers darin aufkochen lassen. Vom Herd nehmen, quellen lassen. Eier trennen. Eigelbe, Quark, Sahne und restlichen Zucker verrühren. Die Eiweiße steif schlagen und unterheben. Mit Zitronenschale und -saft abschmecken. Pflaumenmus mit Zimt würzen.

4 Für die Streusel Mehl mit Zucker mischen. Butter schmelzen, dazugeben. Mit einer Gabel zu Streuseln vermengen.

5 Backofen auf 200 °C vorheizen. Teig durchkneten, auf dem gefetteten Blech ausrollen, mit einer Gabel einstechen. Kleckse von Mohn, Quarkcreme und Pflaumenmus darauf verteilen, Streusel darübergeben. 35 Minuten backen (Gas 3; Umluft 180 °C).

Schritt 3

Schritt 4

Schritt 5

Vorbereiten **1** Stunde **15** Min.
Backen **35-40** Min.
Pro Stück (20 Stücke):
358 kcal/1370 kJ;
10 g EW; 14 g F; 48 g KH

Typisch böhmisch

Mohn spielt in allen osteuropäischen Ländern, besonders in der Süßspeisen- und Backtradition, eine große Rolle. Die blauschwarzen Samen der Mohnpflanze finden in Strudeln, Kleingebäck und Hefekuchen, wie bei diesem Rezept, Verwendung.

Backtip

Der Hefeteig läßt sich sehr gut schon am Vorabend zubereiten. Dazu den Hefeansatz nicht 15 Minuten gehen lassen, sondern gleich mit allen anderen Zutaten verkneten. Den Teig abdecken und zum Gehen über Nacht in den Kühlschrank stellen. Auf diese Art wird er sogar noch feinporiger.

Serviertip

Der Kuchen schmeckt einen Tag nach dem Backen am besten. Bringen Sie ihn mit Schokoladen-Manschetten (im Supermarkt oder Kaufhaus erhältlich) auf den Tisch, die Sie mit Sahne füllen. Mit Pistazienkernen verzieren.

SIZILIANISCHE ZITRUS-CREMETORTE

ITALIEN

ZUTATEN

(Für 1 Backform, 26 cm Ø)

FÜR DEN TEIG

- 225 g Mehl, 1 Msp. Salz
- 100 g Butter
- 1 Ei
- 2 EL Zucker

FÜR DIE CREME

- 4 Eigelbe
- 80 g Zucker
- 40 g Speisestärke
- 300 ml Milch
- 175 g Schlagsahne
- abgeriebene Schale von 2 unbehandelten Zitronen, Saft von 1 Zitrone

FÜR DEN BELAG

- 2 Zitronen, 1 Limette, 2-3 Orangen
- 175 g Zucker

AUSSERDEM

- Fett für die Form
- 500 g getrocknete Hülsenfrüchte zum Blindbacken

Hauchdünne Scheiben von Limetten, Orangen und Zitronen, auf zarte Sahnecreme gebettet, ergeben einen Kuchen, wie ihn die Süditaliener lieben: fruchtig und erfrischend säuerlich.

1 Mehl mit Salz, Butter, Ei und Zucker verkneten. Abgedeckt 1 Stunde kühl stellen.

2 Backofen auf 200 °C vorheizen. Teig ausrollen, gefettete Form damit auskleiden, einen 2 cm hohen Rand formen. Teig mit Backpapier belegen und mit Hülsenfrüchten beschweren. 10 Minuten backen (Gas 3; Umluft 180 °C), Hülsenfrüchte sowie Papier entfernen und weitere 10 Minuten backen.

3 Eigelbe mit Zucker, Stärke und 75 ml Milch schaumig schlagen. Restliche Milch aufkochen. Eiercreme unter Rühren unter die leise köchelnde Milch rühren. In eine Schüssel füllen, sobald die Creme fest wird.

4 Creme etwas abkühlen lassen. Sahne steif schlagen, Zitronenschale und -saft untermischen. Sahne unter die Eiercreme heben, auf den abgekühlten Tortenboden streichen.

5 Zitrusfrüchte schälen, so daß die weiße Haut mit entfernt wird, und in dünne Scheiben schneiden. Zucker mit 225 ml Wasser erhitzen, bis sich der Zucker löst. 1 Minute kochen lassen. Obst darin 3 Minuten köcheln und im Sirup erkalten lassen. Torte damit belegen, 2 Stunden kühl stellen.

Schritt 2

Schritt 3

Schritt 5

Zubereiten **45** Min. Kühlen **3** Std. Backen **20** Min.

Pro Stück (16 Stücke):
183 kcal/765 kJ;
11 g EW; 10 g F; 20 g KH

TYPISCH SIZILIANISCH

»Kennst du das Land, wo die Zitronen blühn, Im dunkeln Laub die Goldorangen glühn?«, fragte Goethe schwärmerisch nach »seinem« Italien. Vor allem in Sizilien ist der immergrüne Zitronenbaum verbreitet. Übrigens ist er eine der wenigen Pflanzen, die gleichzeitig Blüten und Früchte tragen.

Backtip

- Zitronen geben wesentlich mehr Saft, wenn sie unter leichtem Druck mit der Hand ein paar Mal auf der Arbeitsfläche hin und her gerollt werden.
- Zitrusfrüchte nicht im Kühlschrank, sondern immer bei Zimmertemperatur aufbewahren, sonst verlieren sie ihr Aroma.

Serviertip

Die obligatorische Sahne zum Kuchen einmal anders: Eine Zitrone längs halbieren, aushöhlen und mit Schlagsahne aus dem Spritzbeutel füllen. Ebenfalls fast »ein Muß« zu dieser Torte: ein Täßchen Espresso.

SERVIERTIP Zu dieser Torte können Sie weitere italienische Spezialitäten aus dem Sonnenland servieren: Espresso oder Cappuccino und anschließend ein Gläschen Grappa, den italienischen Tresterschnaps.

ITALIENISCHE TRAUBENTORTE

ITALIEN

Im Herbst, wenn in allen europäischen Ländern Traubenzeit ist, kann dieser saftigen Torte keiner widerstehen: grüne und blaue Früchte kombiniert mit einer feinen Kirschwasser-Sahne.

ZUTATEN

(Für 1 Springform, 26 cm Ø)

FÜR DEN TEIG

- 225 g Mehl, 1 Msp. Salz
- 100 g Butter
- 1 Ei
- 30 g Zucker

FÜR DEN BELAG

- 400 g Schlagsahne
- 60 g Zucker
- 4 cl Kirschwasser, ersatzweise Kirschsaft
- 750 g gemischte blaue und grüne Weintrauben
- 1 Pck. heller Tortenguß
- ¼ l weißer Traubensaft oder Weißwein

AUSSERDEM

- Fett für die Form
- 500 g Hülsenfrüchte

ZUTATENTIP

Dieser Kuchen schmeckt ebenfalls mit entsteinten Sauerkirschen aus dem Glas.

1 Mehl, Salz, Butter in Stücken, Ei und Zucker verkneten, zur Kugel formen, in Folie wickeln und 1 Stunde kühl stellen.

2 Den Backofen auf 200 °C vorheizen. Teig rund ausrollen und die gefettete Springform damit auskleiden, dabei einen 2 cm hohen Rand formen. Backpapier in Größe der Form zuschneiden, den Teig damit belegen und mit Hülsenfrüchten beschweren.

3 Im Ofen (Gas 3; Umluft 180 °C) etwa 10 Minuten backen. Hülsenfrüchte und Papier entfernen und den Tortenboden noch rund weitere 10 Minuten backen, bis er gebräunt ist. Abkühlen lassen.

4 Die Sahne mit dem Zucker steif schlagen, das Kirschwasser unterziehen. Die Trauben waschen, gut abtropfen lassen und von den Stielen zupfen. Die Kirschsahne auf dem abgekühlten Tortenboden verteilen und mit den Trauben kreisförmig belegen.

5 Den Tortenguß nach Packungsanleitung mit dem Traubensaft zubereiten und über den Trauben verteilen. Abkühlen lassen, bis zum Servieren in den Kühlschrank stellen.

Schritt 2

Schritt 4

Schritt 5

Vorbereiten **40** Min. Kühlen **1** Std.
Backen **20** Min.
Pro Stück (16 Stücke):
244 kcal/1020 kJ;
3 g EW; 16 g F; 25 g KH

TYPISCH ITALIENISCH

Wenn die Trauben geerntet werden, heißt es Feiern. Oder, wie in Südtirol: Törggelen. Einheimische und Besucher sitzen unter Lauben, in Weinstuben oder im Freien beisammen und genießen die Geschenke der Natur: den ersten Most, Eßkastanien, Nüsse und Speck.

APRIKOSEN-EIERCREME-TORTE

ISRAEL

Auf einem Mürbeteigboden versinken saftig-süße Aprikosen in einer lockeren Eiercreme. Ein Hauch von duftendem Zimt und Muskatnuß verleihen der Torte eine orientalische Note.

ZUTATEN

(Für 1 Tarte-Form, 26 cm Ø)

FÜR DEN TEIG

- 250 g Mehl, 1 Msp. Salz
- 100 g Puderzucker
- 100 g kalte Butter
- 1 kleines Ei
- ½ unbehandelte Zitrone

FÜR DIE FÜLLUNG

- 600 g Aprikosen
- 75 g weiche Butter
- 100 g Zucker
- 2 Eier
- 1 Msp. geriebene Muskatnuß
- ½ TL gemahlener Zimt
- 1 gehäufter EL Speisestärke

AUSSERDEM

- Fett, Mehl zum Bearbeiten

ZUTATENTIP

Außerhalb der Saison haben frische Aprikosen kaum Aroma. Deshalb sollten Sie dann Dosenobst bevorzugen.

1 Mehl mit Salz und Puderzucker mischen. Butter in Stücken mit dem Ei und 2 EL kaltem Wasser dazugeben. Die Zitrone heiß waschen, trockenreiben, Schale abreiben, über die Teigzutaten geben. Alles rasch verkneten, zugedeckt 30 Minuten kühl stellen.

Schritt 1

2 Den Backofen auf 200 °C vorheizen, die Form ausfetten. Den Teig auf einer leicht bemehlten Arbeitsfläche ausrollen und die Form damit auskleiden. Den Boden mit einer Gabel mehrmals einstechen. Den Teig 15 Minuten backen (Gas 3; Umluft 180 °C).

Schritt 2

3 Die Aprikosen waschen, trockenreiben, halbieren und entsteinen. Den Saft der ½ Zitrone auspressen. Die Butter mit dem Zucker schaumig rühren. Eier trennen, die Eiweiße steif schlagen. Eigelbe unter die Buttercreme rühren und Muskat dazugeben. Zimt, 3 TL Zitronensaft, die Speisestärke und den Eischnee unter die Creme ziehen.

4 Die Eiercreme in die vorgebackene Teigkruste füllen und die Aprikosenhälften leicht in die Creme hineindrücken. Den Ofen auf 180 °C (Gas 2; Umluft 160 °C) zurückschalten. Die Aprikosentorte in weiteren 40 Minuten fertigbacken.

Schritt 4

Zubereiten **40** Min. Kühlen **30** Min.
Backen **55** Min.
Pro Stück (12 Stücke):
320 kcal/1344 kJ;
5 g EW; 16 g F; 40 g KH

TYPISCH ISRAELISCH

Neben europäischen Einflüssen haben vor allem arabische Elemente die Kochkultur Israels stark geprägt. Kräftige Gewürze und Kräuter wie Zimt und Minze, aber auch Rosenöl und Sesam sind häufig verwendete orientalische Ingredienzen.

Backtip

- Mürbeteig wird bröselig, wenn er bei der Zubereitung zu warm wurde. Deshalb sollten Sie die Zutaten schnell und mit kühlen Händen verkneten.
- Falls der Teig zu fest gerät, kneten Sie 1-2 EL eiskaltes Wasser darunter. Dann nicht länger als 1 Stunde kühl stellen, weil er sonst zum Ausrollen zu hart wird.

Serviertip

Süß und schön: ein fruchtiger Marmeladenüberzug auf dem Kuchen. Dafür 3-4 EL Aprikosenmarmelade mit 1 EL Rum unter Rühren erhitzen, dann den Kuchen damit bepinseln. Abschließend 3 EL geröstete, gehackte Mandeln darüberstreuen.

Exotischer Früchtekuchen

TANSANIA

ZUTATEN

(Für 1 Springform, 26 cm Ø)

FÜR DEN TEIG

- 225 g Mehl
- 125 g kalte Butter
- 1 Eigelb
- 75 g Zucker
- abgeriebene Schale von 1 unbehandelten Zitrone
- 1 EL brauner Rum oder ½ Fläschchen Rumaroma

FÜR DIE FÜLLUNG

- 1 Papaya
- 1 Baby-Ananas
- 1 kleine Honigmelone
- 1 Orange
- 2 frische Feigen
- 250 ml Aprikosennektar
- 2 EL Zucker
- 50 g Speisestärke
- Saft von 1 Zitrone
- 50 g gehackte Erdnüsse

AUSSERDEM

- Mehl für die Arbeitsfläche
- Fett für die Form

Ein Potpourri aus Tropenfrüchten wie Papaya und Ananas, dazu Feigen und Melone, sorgt für eine exotische Kuchenfüllung. Im Teig darf ein Schuß brauner Rum nicht fehlen.

1 Die Zutaten für den Teig verkneten, abgedeckt 30 Minuten kühl stellen.

2 Die Papaya halbieren, schälen, Kerne entfernen, Fruchtfleisch würfeln. Die Ananas schälen und in Stücke schneiden. Melone halbieren, Fruchtfleisch mit einem Kugelausstecher herauslösen. Die Orange schälen, so daß die weiße Haut mit entfernt wird. In Scheiben schneiden, diese vierteln. Feigen waschen, trockentupfen, vierteln.

3 Aprikosennektar mit Zucker aufkochen lassen. Stärke mit Zitronensaft anrühren, zu dem Nektar geben und unter Rühren 2 Minuten kochen lassen. Früchte unter das heiße Gelee mischen, abkühlen lassen.

4 Backofen auf 180 °C vorheizen. Teig auf einer bemehlten Arbeitsfläche ausrollen. Die gefettete Form damit auskleiden, einen 4 cm hohen Rand formen. Den Boden mit einer Gabel mehrmals einstechen, in etwa 40 Minuten goldgelb backen (Gas 2; Umluft 160 °C). Abkühlen lassen.

5 Gelee in die Teigkruste füllen. Darüber die Nüsse streuen. Den Kuchen erst anschneiden, wenn das Gelee ganz erkaltet ist.

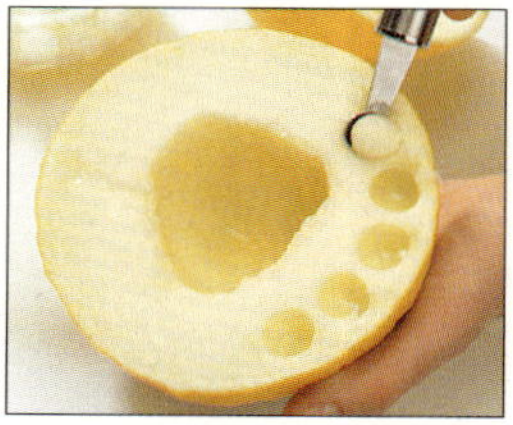

Schritt 2

Schritt 3

Schritt 5

Zubereiten **1** Std. Kühlen **30** Min.
Backen **35-40** Min.

Pro Stück (12 Stücke):
260 kcal/1092 kJ;
4 g EW; 11 g F; 36 g KH

Typisch Tansania

Das Hochlandklima Tansanias, das Hirse, Mais, Reis, Maniok, Zuckerrohr und Kaffee gedeihen läßt, bekommt auch allen exotischen Fruchtsorten. Diese finden in der Küche vielseitige Verwendung: Exquisite Obstkuchen zuzubereiten, gilt in Tansania als kreatives Vergnügen.

Backtips

- Anstelle der angegebenen Früchtemischung probieren Sie auch einmal Guaven, Granatapfelkerne, Kiwi, Banane und Mango. Das paßt ebenfalls wunderbar.
- Das Gelee wird noch fruchtiger und aromatischer, wenn Sie statt Aprikosennektar frisch gepreßten Saft aus Tropenfrüchten verwenden.

Serviertip

Statt den Kuchen mit Erdnüssen zu bestreuen, können Sie ihn auch mit einer Decke aus Kokosraspeln überziehen. Dazu die Raspel in einer Pfanne leicht rösten und den Kuchen dick damit bestreuen.

Serviertip Mit dem herb-fruchtigen Aroma des Kuchens harmoniert leicht gesüßter Kaffee mit einem Schuß Orangenlikör. Darauf etwas Sahne geben, mit Kakao bestäuben und mit Orangenschale garnieren.

TARTE À L'ORANGE

KAMERUN

Raffiniert und dennoch kinderleicht ist dieser kamerunische Kuchen mit französischer Nuance: eine feinherbe Füllung auf Mürbeteig, bedeckt mit glasierten Scheiben von Orangen.

ZUTATEN

(Für 1 Tarte-Form, 24 cm Ø)

FÜR DEN TEIG

- 300 g Mehl
- 1 Msp. Salz
- 1 EL Zucker
- 1 Pck. Vanillezucker
- 150 g kalte Butter
- 1 Ei

FÜR DIE FÜLLUNG

- 3 große Orangen, davon 1 mit unbehandelter Schale
- 2 Eier
- 3 EL Puderzucker
- 2 EL Crème fraîche
- 2 EL Zitronensaft
- 2 TL Speisestärke
- 2 EL Orangenmarmelade
- 2 EL Orangenlikör oder ½ Fläschchen Orangenaroma

AUSSERDEM

- Mehl für die Arbeitsfläche
- Fett für die Form

1 Mehl mit Salz, Zucker und Vanillezucker mischen. Butter in Stückchen, das Ei und 2 EL Wasser hinzufügen, alles rasch verkneten. Zugedeckt 30 Minuten kühl stellen.

2 Backofen auf 200 °C vorheizen. Teig auf einer bemehlten Arbeitsfläche ausrollen. Die gefettete Form damit auskleiden, überstehenden Rand abschneiden. Boden mehrmals mit einer Gabel einstechen. Den Teig 15 Minuten backen (Gas 3; Umluft 180 °C).

Schritt 2

3 Die unbehandelte Orange waschen, die Schale abreiben, Saft auspressen. Eier mit Puderzucker schaumig rühren, Crème fraîche hinzufügen. Dann Orangensaft und -schale, Zitronensaft und Stärke untermischen.

Schritt 3

4 Die Creme in die Teigkruste füllen und weitere 15 Minuten backen. Die übrigen Orangen schälen, so daß die weiße Haut mit entfernt wird. Dabei den abtropfenden Orangensaft auffangen. Die Orangen in dünne Scheiben schneiden.

Schritt 4

5 Orangenscheiben auf den Kuchen legen, diesen 10-15 Minuten backen. Marmelade mit aufgefangenem Orangensaft und Likör verrühren. Die Früchte damit glasieren.

Zubereiten **1** Std. Kühlen **30** Min.
Backen **40** Min.
Pro Stück (12 Stücke):
240 kcal/1008 kJ;
5 g EW; 11 g F; 30 g KH

TYPISCH KAMERUN

Die französischen Kolonialherren haben die Küche Kameruns stark beeinflußt. Auch die »Tarte à l'orange« trägt ihre Handschrift. Daß die Orangentorte wenig Zucker enthält, entspricht dem westafrikanischen Gusto: Außer in Brei wird Zucker sparsam verwendet.

Beschwipster Pfirsichkuchen

Mexiko

Zutaten

(Für 1 Backblech)

FÜR DEN BISKUIT

- 4 Eier (getrennt)
- 1 Msp. Salz
- 100 g Zucker
- 1 Pck. Vanillezucker
- abgeriebene Schale von ½ unbehandelten Orange
- 75 g Mehl
- 75 g Speisestärke

FÜR DIE FÜLLUNG

- 8 Blatt weiße Gelatine
- 750 g Pfirsiche
- 400 g Zucker
- 1 Zimtstange
- 100 g weiche Butter
- ⅛ l Sherry

AUSSERDEM

- Backpapier für das Blech
- 40 g geröstete Mandelblättchen zum Bestreuen

Ein Biskuitboden, wie er sonst für sahnegefülltes Rouladengebäck verwendet wird, ist die Basis für diesen aromastarken Obstkuchen, der es – dank Sherry – auch noch in sich hat.

1 Backofen auf 200 °C vorheizen. Blech mit Backpapier auslegen. Eiweiße mit Salz steif schlagen. Eigelbe mit Zucker, Vanillezucker und Orangenschale schaumig rühren.

2 Das Mehl mit der Stärke sieben, mit dem Eischnee unter die Eigelbcreme ziehen. Biskuit auf das Blech streichen, auf oberer Schiene 10 Minuten backen (Gas 3; Umluft 180 °C). Auf ein feuchtes Tuch stürzen.

3 Gelatine 10 Minuten in kaltem Wasser einweichen. Pfirsiche häuten und pürieren. Zucker mit ⅛ l Wasser und Zimt 5 Minuten kochen lassen, bis der Sirup zähflüssig ist. Hälfte des Sirups mit Butter unter Pfirsichmus mischen. Gelatine ausdrücken, bei milder Hitze auflösen, Fruchtpaste unterrühren. Übrigen Sirup mit Sherry mischen.

4 Biskuitboden längs halbieren. Eine Hälfte mit Sirup beträufeln und zwei Drittel der Fruchtmasse daraufstreichen. Die andere Hälfte darüberlegen und mit restlichem Sirup beträufeln. Kuchenränder gerade schneiden. Übrige Fruchtmasse darüber verteilen.

5 Den Pfirsichkuchen mit Mandelblättchen bestreuen und 1 Stunde kühl stellen.

Schritt 3

Schritt 4

Schritt 5

Zubereiten **90** Min. Backen **10** Min. Kühlen **1** Std.

Pro Stück (14 Stücke):
310 kcal/1290 kJ;
4 g EW; 9 g F; 51 g KH

Typisch mexikanisch

An den Hängen der südlichen Sierra Madre, vor den Toren von Mexiko-City, liegt das Städtchen Oaxaca. Von hier stammt diese populäre Süßspeise Mexikos: »Ante«, eine üppige Kombination aus sirupgetränkten Biskuitböden und den unterschiedlichsten Fruchtpasten.

Backtips

• Pfirsiche lassen sich leicht pürieren, wenn sie vorher mit kochendem Wasser überbrüht, gehäutet, halbiert und entsteint werden.

• Sie können den Kuchen gut am Vortag backen. Denn wenn der Biskuit den Sirup völlig aufgesogen hat, schmeckt er besonders gut.

Serviertip

Lecker zum Kuchen: mit Schoko-Gittern verzierte Pfirsiche. Geben Sie geschmolzene Kuvertüre in einen Gefrierbeutel, den Sie an einer Ecke ganz wenig aufschneiden. Wie einen Spritzbeutel verwenden. Mit fertig gekauften Schoko-Ornamenten verzieren.

ANANASKUCHEN AUS BRASILIEN

BRASILIEN

ZUTATEN

(Für 1 Backrahmen, 23 x 23 cm oder 1 Springform, 26 cm Ø)

- ½ Ananas (etwa 700 g)
- 200 g weiche Butter
- 150 g Zucker
- 1 Pck. Vanillezucker
- 1 Msp. Salz
- 350 g Mehl
- 1 Pck. Backpulver
- 4 Eier
- 2 EL Rum, ersatzweise 1 Fläschchen Rumaroma

AUSSERDEM

- Backpapier und Fett für die Form
- 5 EL Ananassirup

ZUTATENTIP

Anstelle des fertigen Ananassirups können Sie auch selbstgemachten Sirup über den Kuchen träufeln. Dazu ⅛ l Ananassaft mit 3 EL Rum und 50 g Zucker aufkochen und abkühlen lassen.

Ein einfacher Kuchen, der mit Rum aromatisiert und mit Ananassirup getränkt wird. Mit frischer Schlagsahne zu dampfendem Kaffee serviert, ist er ein Hochgenuß.

1 Die Ananashälfte schälen und den Strunk herausschneiden. 200 g Fruchtfleisch sehr fein hacken, die übrige Frucht in 1 cm dicke Scheiben schneiden.

2 Den Backofen auf 180 °C vorheizen. Die Butter mit Zucker, Vanillezucker und Salz schaumig schlagen. Das Mehl mit dem Backpulver vermischen. Abwechselnd Mehl und Eier unter die Buttermasse rühren. Das kleingeschnittene Fruchtfleisch und den Rum hinzufügen.

3 Das Backpapier je nach verwendeter Backform zuschneiden. Das Papier auf ein Backblech legen und den Backrahmen daraufstellen, beziehungsweise Papier auf den Boden der Springform legen. Den Rand der Form oder des Rahmens einfetten. Die Ananasscheiben auf das Backpapier legen, den Teig darauf verteilen und glattstreichen.

4 In rund 55 Minuten den Kuchen goldbraun backen (Gas 3; Umluft 160 °C).

5 Kuchen aus der Form stürzen. Die Oberfläche mit einem Holzspießchen mehrmals einstechen und mit Sirup beträufeln.

Schritt 1

Schritt 2

Schritt 3

Zubereiten 45 Min. Backen 55 Min.
Pro Stück (12 Stücke):
360 kcal/1512 kJ;
6 g EW; 16 g F; 44 g KH

TYPISCH BRASILIANISCH

Ob in Cocktails, Süßem oder deftigen Speisen: Ananas ist aus der brasilianischen Küche nicht wegzudenken. Beliebt ist selbstgemachter Saft, für den man die Früchte drei Tage in Zuckerwasser gären läßt. Dieser Saft wird auch an offenen Straßenständen angeboten.

Backtip

Ein feines Aroma erhält dieser Kuchen, wenn Sie den Teig mit Marzipan anreichern. Dazu etwa 200 g Marzipanrohmasse zusammen mit der Butter zu den restlichen Teigzutaten geben und verrühren. Reduzieren Sie dann den Zucker nach Geschmack.

Serviertip

Dazu Sahne-Schiffchen reichen: Ananas längs vierteln, Fruchtfleisch herausschneiden und die Schiffchen mit Sahne aus dem Spritzbeutel füllen. Als Segel eine Orangenscheibe an einem Holzspieß befestigen.

Biskuit 3 x anders

Dieser luftige, unkomplizierte Teig ist vielseitig einsetzbar. Je nach landestypischem Belag schmeckt der Kuchen immer wieder anders.

Grundrezept Biskuitteig

(FÜR 1 SPRINGFORM, 26 CM Ø)
- 3 Eier (getrennt)
- 125 g Zucker
- 1 Pck. Vanillezucker
- 1 Msp. Salz
- 75 g Mehl
- 75 g Speisestärke
- 1 gestrichener TL Backpulver

AUSSERDEM
- Fett für die Form

Auch den Teig können Sie variieren: mit Kakaopulver, gemahlenen Nüssen oder Kokosraspeln.

1 Boden der Form einfetten, den Backofen auf 175 °C (Gas 2; Umluft 150 °C) vorheizen.

2 Eigelbe mit Zucker, Vanillezucker und 2 EL lauwarmem Wasser mit Schneebesen des Handrührgeräts so lange rühren, bis sich der Zucker aufgelöst hat.

3 Eiweiße mit Salz steif schlagen und auf die Eigelbmasse häufen. Mehl, Speisestärke und Backpulver über den Eischnee sieben, unterheben.

4 Den Teig 30 Minuten backen, auf ein Kuchengitter stürzen. Abkühlen lassen.

Bunte Beerentorte

Zubereiten **30** Min. Backen **30** Min.
Kühlen **2** Std. **30** Min.

USA

- **1 Biskuitboden**

FÜR DEN BELAG
- **7 Blatt weiße Gelatine**
- **500 g Beeren (z. B. Brombeeren, Erdbeeren, Johannis- und Himbeeren)**
- **4 Joghurt (je 150 g)**
- **Mark von 1 Vanilleschote oder 1 Pck. Vanillezucker**
- **110 g Zucker**

5 Gelatine 5 Minuten in kaltem Wasser einweichen. Ein Drittel der Beeren pürieren, mit Joghurt, Vanille und 50 g Zucker verrühren. Gelatine auflösen und unterrühren.

6 Biskuit auf eine Platte in einen variablen Tortenring legen, mit Joghurtcreme bestreichen, 2 Stunden kühl stellen. Übrige Beeren zuckern, Torte damit belegen.

Mango-Mousse-Torte

Zubereiten **45** Min. Backen **30** Min.
Kühlen **1** Std. **30** Min.

Mexiko

- **1 Biskuitboden**

FÜR DEN BELAG

- **4 Blatt weiße Gelatine**
- **2 Mangos (je 500 g)**
- **50 g Zucker**
- **400 g Doppelrahmfrischkäse**

5 Die Gelatine 5 Minuten in kaltem Wasser einweichen. Eine der Mangofrüchte schälen und das Fruchtfleisch grob vom Kern abschneiden. Fruchtfleisch im Mixer pürieren. Dann das Mangopüree in eine Schüssel füllen und den Zucker unterrühren.

6 Die Gelatine tropfnaß in eine Schöpfkelle geben und über siedendem Wasser auflösen. Mit den Schneebesen des Handrührgerätes unter das Mangopüree rühren. Nach und nach den Frischkäse unter ständigem Rühren dazugeben. Die Masse auf den Biskuitboden streichen. Die Torte mindestens 1 Stunde kühl stellen, bis sie fest geworden ist.

7 Die zweite Mango schälen, das Fruchtfleisch in gleichmäßigen Spalten rund um den Kern abschneiden. Die Spalten sternförmig auf den Obstkuchen legen.

Kokos-Sahne-Kuchen mit Ananas und Kiwis

Zubereiten **40** Min. Backen **30** Min.
Kühlen **1** Std. **30** Min.

Karibik

- **1 Biskuitboden**

FÜR DEN BELAG

- **50 g Kokosraspel**
- **4 cl weißer Rum**
- **4 Blatt weiße Gelatine**
- **400 g Schlagsahne**
- **2 EL Zucker**
- **1 Ananas**
- **2 reife Kiwis**

5 Kokosraspel im Rum ziehen lassen. Gelatine 5 Minuten in kaltem Wasser einweichen. Sahne mit Zucker steif schlagen, Kokosraspel unterrühren.

6 Die Gelatine tropfnaß in eine Kelle geben, über siedendem Wasser auflösen und unter die Kokossahne rühren. Sahne auf dem Biskuit verteilen. Den Tortenboden 1 Stunde kühl stellen.

7 Ananas vom Schopf befreien, schälen, vierteln und den harten Strunk herausschneiden. Ananasviertel in dicke Scheiben schneiden. Die Kiwis schälen und in Scheiben schneiden. Früchte abwechselnd in Kranzform auf den Kuchen legen.

AMERIKANISCHE APPLE-PIE

USA

Dieses Lieblingsdessert der Amerikaner gibt es in vielen Variationen. Mit Erdnüssen wird die Nachspeise aus der Neuen Welt zu einer kernig-fruchtigen Köstlichkeit.

ZUTATEN
(Für 1 Pie-Form)

FÜR DEN TEIG
- 1 Ei
- 250 g Mehl
- 1 Msp. Backpulver
- ½ TL Salz
- 2 EL Zucker
- 60 g sehr kalte Butter

FÜR DIE FÜLLUNG
- 750 g Äpfel
- Saft und Schale von ½ unbehandelten Zitrone
- 100 g gehackte, ungesalzene Erdnüsse
- 3 EL Zucker
- ½ TL gemahlene Nelken

AUSSERDEM
- Fett für die Form
- Puderzucker

ZUTATENTIP
Ideale Apfelsorten für diese Pie sind säuerliche Boskoop und Cox Orange.

1 Ei trennen. Mehl, Backpulver, Salz, Zucker, Eigelb und Butter in Stücken auf einer Arbeitsfläche mit zwei großen Messern verhacken. Mit den Händen zu einem glatten Teig verkneten, bei Bedarf Wasser zugeben. In Folie gewickelt 30 Minuten kühl stellen.

Schritt 1

2 Äpfel schälen, entkernen und in Spalten schneiden. Mit Zitronensaft beträufeln. Nüsse, Zitronenschale, Zucker, Nelken untermischen. Backofen auf 170 °C vorheizen.

3 Zwei Drittel des Teiges auf etwas Mehl ausrollen und so in die gefettete Form legen, daß der Rand etwas übersteht. Füllung darauf verteilen. Rand mit Eiweiß einpinseln.

Schritt 4

4 Restlichen Teig, bis auf ein kleines Stück, in Größe der Form ausrollen und die Füllung damit bedecken. Rand mit einem Kochlöffelstiel wellenförmig festdrücken. Teigrest ausrollen, Blätter ausstechen.

Schritt 5

5 Ein 2 cm großes Loch aus der Mitte der Pie ausstechen. Teigblätter mit Eiweiß bestreichen und auf den Pie-Deckel legen. Im Ofen (Gas 2; Umluft 150 °C) 40 Minuten backen. Aus der Form nehmen, mit Puderzucker bestäuben und noch warm servieren.

Vorbereiten **50** Min. Backen **40** Min.
Pro Stück (6 Stücke):
310 kcal/1300 kJ;
8 g EW; 14 g F; 39 g KH

TYPISCH AMERIKANISCH
Amerikaner haben eine Schwäche für Kuchen und Desserts. Die Pie, ursprünglich englisch, kam mit den ersten Siedlern nach Nordamerika. Die Pioniere bauten sogar eigens Schränke für ihre Kuchen, sogenannte »pie safes«, die eine sichere Lagerung garantierten.

Backtips

• Das Loch in der Mitte der Apple-Pie ist nötig, damit der Dampf der garenden Äpfel entweichen kann. Mit einem kleinen, scharfen Messer läßt sich das Loch ebenfalls problemlos ausschneiden.

• Die Füllung schmeckt auch mit Mandeln und Rosinen anstelle von Erdnüssen sehr gut.

Serviertip

Bestreuen Sie die lauwarme Apple-Pie zusätzlich mit etwas Zimt, dessen Aroma gut mit den Äpfeln harmoniert. Reichen Sie außerdem Vanilleeis mit halbsteif geschlagener Sahne dazu.

SERVIERTIP Hierzu schmeckt Eiscreme lecker, die die Törtchen in ein »rundes« Dessert verwandelt: In die Mitte jedes Tartelettes entweder eine Kugel Pistazien-, Vanille- oder auch Walnußeis setzen.

Obsttörtchen mit Sommerfrüchten

USA

Lassen Sie sich vom Marktangebot an Sommerfrüchten inspirieren. In den Wintermonaten bietet exotisches Obst eine bunte Alternative für diese köstlichen Tartelettes.

ZUTATEN

(Für 8 Törtchen)

FÜR DEN TEIG

- 300 g Mehl, 1 Msp. Salz
- 100 g Puderzucker
- 1 Pck. Vanillezucker
- 125 g Butter in Stücken
- 1 Ei

FÜR DIE FÜLLUNG

- 100 g Zartbitterschokolade
- 2 EL Schlagsahne
- 800 g Beeren (z. B. Himbeeren, Brombeeren, Erdbeeren, Johannisbeeren)
- 250 g Kirschen, 1 Banane
- 3 EL Zucker
- 1 Pck. Tortenguß (siehe Zutatentip)

AUSSERDEM

- Fett für das Blech, Alufolie

ZUTATENTIP

Verzichten Sie auf den Tortenguß, wenn Sie die Törtchen sofort nach dem Füllen essen.

1 Mehl, Salz, Puder- und Vanillezucker vermischen. Butter, Ei und 2 EL kaltes Wasser hinzufügen. Rasch zu einem Teig verkneten, zugedeckt 45 Minuten kühl stellen.

2 Backofen auf 200 °C vorheizen. Teig auf einer bemehlten Arbeitsfläche ausrollen, 8 Kreise von 12 cm Durchmesser ausstechen. Kreise auf ein gefettetes Backblech legen, etwa 1 cm hohe Ränder formen. Ränder mit einem Ring aus gefalteter Alufolie abstützen.

3 Törtchen in 20 Minuten goldbraun backen (Gas 3; Umluft 180 °C). Auf einem Kuchengitter auskühlen lassen. Schokolade in Stücke brechen, über heißem Wasserbad schmelzen lassen, mit der Sahne verrühren.

4 Törtchen mit der Schokolade auspinseln. Beeren waschen, trockentupfen, verlesen. Erdbeeren je nach Größe zerkleinern. Kirschen waschen und entsteinen. Banane schälen und in Stücke schneiden.

5 Obst auf den Törtchen verteilen, mit 2 EL Zucker bestreuen. Mit dem restlichen Zucker den Tortenguß nach Packungsanleitung zubereiten, die Törtchen damit überziehen. Erkalten lassen.

Schritt 2

Schritt 3

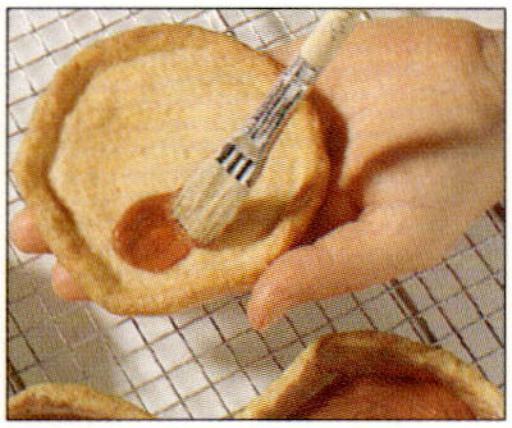

Schritt 4

Zubereiten **60** Min. Kühlen **45** Min. Backen **20** Min.

Pro Stück: 470 kcal/1974 kJ; 9 g EW; 19 g F; 62 g KH

TYPISCH AMERIKANISCH

Tarts sind vor allem in den italienisch geprägten Cafés von New York City beliebt. Bei »Cousin John« in Brooklyn gibt's die besten. Tart-Tradition haben auch die Künstlercafés von Greenich Village, wie das »Caffè Dante« oder »Reggio«, angeblich das älteste der USA.

JOHANNISBEERHERZ »ST. VALENTINE«

USA

ZUTATEN
(Für 1 Herzform)

FÜR DEN TEIG
- 125 g kalte Butter
- 250 g Mehl, 1 Msp. Salz
- 1 Msp. Backpulver
- 100 g gemahlene Mandeln
- 100 g Zucker
- 2 Eigelbe, 1 Eiweiß

FÜR DIE FÜLLUNG
- 700 g rote Johannisbeeren (siehe Zutatentip)
- 3 Blatt weiße Gelatine
- 1 Vanilleschote
- 2 Eier
- 100 g Zucker
- 125 g Schlagsahne

AUSSERDEM
- Mehl für die Arbeitsfläche
- Fett für die Form

ZUTATENTIP
Ebenso lecker in der Füllung sind Brombeeren, Erdbeeren oder Heidelbeeren.

Rote Johannisbeeren auf einer sahnigen Vanillecreme füllen diese Leckerei. Ein Blickfang auf jeder Kaffeetafel – und ein außergewöhnliches Mitbringsel, das von Herzen kommt.

1 Butter in Stücken mit restlichen Teigzutaten verkneten, 30 Minuten kühl stellen.

2 Backofen auf 180 °C vorheizen. Den Teig auf einer bemehlten Arbeitsfläche ausrollen und die gefettete Form damit auskleiden. Den Boden mit einer Gabel mehrmals einstechen. In etwa 35 Minuten (Gas 2; Umluft 160 °C) goldbraun backen.

3 Die Mürbeteigkruste abkühlen lassen. Johannisbeeren waschen, trockentupfen und mit einer Gabel von den Stielen streifen. Die Gelatine 10 Minuten in kaltem Wasser einweichen. Die Vanilleschote längs aufschlitzen und das Mark herauskratzen.

4 Eier trennen. Eigelbe mit 50 g Zucker und Vanillemark über einem heißen Wasserbad hellschaumig schlagen. Eiweiße steif schlagen. Sahne erhitzen, ausgedrückte Gelatine darin auflösen und unter die Eigelbcreme rühren. Eischnee unterziehen.

5 Vanillecreme etwas abkühlen lassen, in die Teigkruste füllen, darüber die Johannisbeeren verteilen. Etwa 1 Stunde kühl stellen. Kurz vor dem Servieren die Johannisbeeren mit dem restlichen Zucker bestreuen.

Schritt 3

Schritt 4

Schritt 4

Zubereiten **40** Min.
Kühlen **1** Std. **30** Min.
Backen **35** Min.
Pro Stück (12 Stücke):
360 kcal/1512 kJ;
7 g EW; 19 g F; 39 g KH

TYPISCH AMERIKANISCH
Nirgendwo stößt der 14. Februar auf mehr Begeisterung als in den USA, dabei hat der Valentinstag seine Wurzeln im Italien des 5. Jahrhunderts. Die Amerikaner überreichen nicht nur Blumen, Parfums und Schmuck, sondern auch Selbstgebackenes als Liebesgaben.

Backtips

- Falls Sie keine Herzform haben: Die Teigmenge paßt auch in eine runde Springform (26 cm Ø).
- Mit 4 EL Marsala oder Portwein und etwas gemahlenem Anis läßt sich die Vanillecreme verfeinern.
- Mit einem Sahnerand, der mit Johannisbeerlikör aromatisiert ist, schmeckt der Kuchen noch besser.

Serviertip

Romantisch, nicht nur am Valentinstag: Verstreuen Sie einige rote Rosenblätter auf einer weißen Tischdecke, und geben Sie mehrere Rosenblüten in eine Glasschale mit Wasser. Den liebsten Gast mit einem Glas Sekt überraschen!

AMERIKANISCHER KÄSEKUCHEN

USA

Der Boden dieses saftigen Kuchens entsteht aus zerbröseltem Zwieback und gelingt deshalb besonders leicht. Ananas und knusprig geröstete Kokosraspel sorgen für fruchtige Exotik.

ZUTATEN

(Für 1 Springform, 26 cm Ø)

- 100 g Kokosraspel
- 9 Scheiben Zwieback
- 120 g Zucker
- 40 g Butter
- 3 Eier
- 4 Scheiben Ananas, 1 EL Ananassaft aus der Dose
- 400 g Doppelrahm-frischkäse
- 125 g saure Sahne
- 2 EL Speisestärke
- ½ TL Backpulver

ZUTATENTIP

Zwieback gibt es in verschiedenen Sorten, die sich alle für diesen Kuchen eignen. Wer den Kokosgeschmack intensivieren möchte, verwendet mit Kokos verfeinerten Zwieback, für eine süßere Variante können Sie auf Schokoladenzwieback zurückgreifen.

1 Kokosraspel in einer Pfanne ohne Fett goldbraun rösten. Den Zwieback in einer Plastiktüte mit einem Nudelholz zerdrücken. In eine Schüssel geben und darin mit 1 EL Kokosraspeln, 1 gehäuften EL Zucker und der Butter verkneten.

2 Die Bröselmasse in die Springform geben und darin auf dem Boden glatt auseinanderdrücken.

3 Eier trennen, Eiweiße steif schlagen. Eine Ananasscheibe kleinschneiden und mit Eigelben, Ananassaft, Frischkäse, saurer Sahne und übrigem Zucker verrühren.

4 Den Backofen auf 150 °C vorheizen. Die Stärke mit dem Backpulver mischen. Mit dem Eischnee unter die Käsemasse heben, auf dem Zwiebackboden verstreichen. Den Käsekuchen auf der unteren Schiene (Gas 1; Umluft 130 °C) in etwa 1 Stunde und 15 Minuten goldbraun backen.

5 Kuchen sofort mit einem Messer vom Rand der Form lösen. Abkühlen lassen, mit den übrigen Ananasscheiben belegen und mit restlichen Kokosraspeln bestreuen.

Schritt 1

Schritt 2

Schritt 4

Zubereiten 45 Min. Backen 1¼ Std.
Pro Stück (12 Stücke):
310 kcal/1300 kJ;
7 g EW; 18 g F; 31 g KH

TYPISCH AMERIKANISCH

»Cheesecake«, eine besonders üppige Käsekuchen-Version mit viel Frischkäse, ist eine der berühmtesten Kuchenspezialitäten der USA. Der Kuchen wurde ursprünglich von jüdischen Immigranten in New York entwickelt und ist heute auf der Speisekarte eines jeden Cafés zu finden.

Backtip

Häufig ist die Kuchenoberfläche, vor allem bei Käsekuchen, bereits vor Ende der Backzeit recht braun, während der Teig innen noch nicht gar ist. Decken Sie den Kuchen in diesem Fall mit Back- oder Pergamentpapier ab und schalten Sie die Oberhitze aus, sofern dies bei Ihrem Ofen möglich ist.

Serviertip

Reichen Sie dazu geschlagene, leicht gesüßte Sahne, die mit gerösteten Kokosraspeln aromatisiert ist. Außer dem obligaten Kaffee paßt auch eine heiße, mit Kokoslikör oder Rum verfeinerte Schokolade.

Serviertip Eine zusätzliche Köstlichkeit auf der Kaffeetafel sind Schoko-Erdbeeren. Dunkle und weiße Kuvertüre über Wasserbad schmelzen, die Früchte mit den Spitzen darin eintauchen und kühl stellen.

PFIRSICH-ERDBEER-KUCHEN MIT ZITRONENCREME

AUSTRALIEN

Ein Genuß für Augen und Gaumen, der schnell zubereitet ist. Aber es braucht eine Weile, bis man den Kuchen anschneiden kann: Die Zitronencreme muß schön kühl und fest werden.

ZUTATEN

(Für 1 Springform, 28 cm Ø)

FÜR DEN TEIG

- 75 g weiche Butter
- 75 g Zucker
- 1 Pck. Vanillezucker
- 150 g Mehl
- 1 TL Backpulver
- 1 Msp. Salz
- 2 Eier
- 4 EL Milch

FÜR DIE FÜLLUNG

- 3 Blatt weiße Gelatine
- ½ unbehandelte Zitrone
- 150 g Sahnejoghurt
- 4 EL Zucker
- 125 g Schlagsahne

FÜR DEN BELAG

- 3 gelbe Pfirsiche
- 400 g Erdbeeren
- 1 Pck. Tortenguß

AUSSERDEM

- Fett für die Form

1 Backofen auf 200 °C vorheizen. Butter mit Zucker und Vanillezucker schaumig schlagen. Das Mehl, Backpulver und Salz mischen, abwechselnd mit den Eiern und der Milch unterrühren. Teig in die gefettete Form füllen. Kuchen in 20-25 Minuten goldgelb backen (Gas 3; Umluft 180 °C). Danach auf einem Kuchengitter abkühlen lassen.

2 Gelatine 10 Minuten in kaltem Wasser einweichen. Zitrone waschen, Schale abreiben, Saft auspressen. Joghurt mit 3 EL Zucker und Zitronenschale verrühren. Sahne steif schlagen. Zitronensaft erhitzen und die ausgedrückte Gelatine darin auflösen. Dann die Joghurtcreme eßlöffelweise unterziehen. Zuletzt die Schlagsahne unterheben.

3 Die Zitronencreme auf den Kuchen streichen. Pfirsiche blanchieren, häuten, entsteinen und in Spalten schneiden. Erdbeeren waschen, trockentupfen, entstielen. Einen fächerförmigen Kranz aus Pfirsichspalten auf den Kuchenrand legen, die Erdbeeren in der Mitte verteilen.

4 Mit dem restlichen Zucker einen Tortenguß nach Packungsanleitung zubereiten und die Früchte damit überziehen.

Schritt 2

Schritt 2

Schritt 4

Zubereiten 45 Min. Backen 20 Min.
Pro Stück (12 Stücke):
230 kcal/966 kJ;
4 g EW; 11 g F; 26 g KH

TYPISCH AUSTRALISCH

Mit seinem (sub-)tropischen Klima ist Australien der trockenste Kontinent der Erde. In küstennahen Landschaftsstrichen jedoch, wo ausreichend Niederschläge fallen, zeigt die Natur ihren ganzen Reichtum: Zuckerrohr, Früchte, Mandeln und vorzügliche Weine.

ERDBEER-KIWI-TORTE »MURUPARA«

NEUSEELAND

Ein farblicher Kontrast, der Appetit macht: Vollreife, rote Erdbeeren wetteifern mit kräftig-grünen Kiwis. Diese erfrischende Obsttorte ziert jeden sommerlichen Kaffeetisch.

ZUTATEN

(Für 1 Springform, 28 cm Ø)

FÜR DEN BISKUIT

- 2 Eier
- 75 g Zucker
- 1 Pck. Vanillezucker
- 1 Msp. Salz
- 50 g Mehl
- 50 g Speisestärke

FÜR DIE FÜLLUNG

- 2 Blatt weiße Gelatine
- 1 Eigelb
- 150 g Crème fraîche (1 Becher)
- 75 g Zucker
- 2 EL Zitronensaft
- 500 g Erdbeeren
- 3-4 Kiwis

AUSSERDEM

- Fett für die Form
- 1 Pck. heller Tortenguß

1 Backofen auf 180 °C vorheizen. Eier trennen. Die Eigelbe mit Zucker und Vanillezucker schaumig rühren. Eiweiße mit Salz steif schlagen. Das Mehl mit der Speisestärke über die Eigelbcreme sieben, den Eischnee unterziehen.

Schritt 1

2 Nur den Boden der Form ausfetten. Die Biskuitmasse einfüllen, glattstreichen und auf der unteren Ofenschiene (Gas 2; Umluft 160 °C) in 20 Minuten goldgelb backen.

Schritt 2

3 Für die Creme die Gelatine 10 Minuten in kaltem Wasser einweichen. Eigelb mit Crème fraîche und 50 g Zucker verrühren. Zitronensaft erhitzen und die gut ausgedrückte Gelatine darin auflösen. Die Creme eßlöffelweise unterziehen, erkalten lassen.

4 Die Creme auf dem ausgekühlten Biskuit verstreichen. Die Erdbeeren waschen, trockentupfen und entstielen, Kiwis schälen. Dann das Obst in Scheiben schneiden. Die Creme mit den Fruchtscheiben belegen.

Schritt 4

5 Mit dem restlichen Zucker einen Tortenguß nach Anleitung zubereiten. Etwas abkühlen lassen, von innen nach außen auf die Früchte gießen. Die Torte kühl stellen.

Zubereiten **45** Min. Backen **20** Min.
Pro Stück (12 Stücke):
170 kcal/714 kJ;
3 g EW; 7 g F; 22 g KH

TYPISCH NEUSEELÄNDISCH

Der weltweit größte Kiwi-Produzent ist Neuseeland, doch die Heimat der Frucht liegt in China. Erst seit den 70er Jahren bauen die Neuseeländer die Kiwi im großen Stil an, vor allem auf der Nordinsel rund um Murupara. Von dort fand sie den Weg nach Europa.

Backtips

- Den Biskuitboden können Sie bereits am Vorabend backen, das Obst sollten Sie allerdings erst kurz vor dem Servieren ganz frisch auf den Kuchen legen.
- Die säuerlich-frischen Kiwis schmecken auch mit Bananenscheiben kombiniert gut. Die Scheiben mit Zitronensaft beträufeln, damit sie nicht braun werden.

Serviertip

Die Tortenstücke noch farbenfroher servieren: Arrangieren Sie Scheiben von Kiwis und Sternfrüchten (Carambolen) auf jedem Kuchenteller, und setzen Sie Granatapfelkerne auf die Sternfrüchte.

Küchen-Lexikon

Hier finden Sie Erläuterungen für Begriffe, Backtechniken und Zutaten, die Ihnen in diesem Buch begegnen.

Blindbacken (auch Leerbacken)
Törtchen und Tortenböden werden mit Hülsenfrüchten beschwert, damit die Bodenmitte beim Backen flach bleibt, der Rand aber aufgeht. So lassen sie sich später besser füllen. Teig mit Pergament- oder Backpapier auslegen, darauf eine Schicht getrockneter Erbsen, Linsen oder Bohnen geben. Nach dem Backen entfernen.

Gelatine
Geschmacksneutrales Geliermittel aus tierischem Eiweiß, das Saucen und Cremes Festigkeit gibt. Nach Packungsanleitung einweichen und gut ausdrücken, sonst bilden sich Klümpchen.

Gelee
Streichfähige Masse aus Zucker, Obstsaft und Geliermittel, die oft auf Tortenböden gegeben wird.

Glasieren
Überziehen von Früchten mit einer glänzenden Zuckerschicht, Sirup oder Marmelade.

Kandieren
Tränken von Obst oder Fruchtschalen in einer Zuckerlösung.

Kuvertüre
Schokolade mit geringem Kakaoanteil, aber viel Kakaobutter. Wird für Kuchenglasur im Wasserbad (unter 35 °C!) geschmolzen. Je länger die Schmelzzeit, desto schöner die Glasur.

Mango
Duft- und geschmacksintensive Tropenfrucht mit orangefarbenem Fleisch. Ihr Geschmack erinnert an Pfirsich. Sie eignet sich gut für Tortenbeläge, muß dafür aber richtig reif sein.

Mohn
Die blauschwarzen Samen werden aus den reifen Kapseln von Schlafmohn gewonnen und bilden gemahlen häufig die Grundlage von Kuchenfüllungen.

Papaya
Mildsüße, tropische Frucht mit orangefarbenem Fleisch. Als Tortenbelag oder püriert als Kuchenfüllung ideal.

Cremige Milchprodukte
Ob als zartschmelzende Unterlage für Obstbeläge von Torten & Törtchen oder in Kuchenfüllungen: Milchprodukte ergänzen sich bestens mit frischen Früchten.

Crème fraîche
Säuerlicher, gehaltvoller Küchenrahm mit mindestens 30 % Fett und fester Konsistenz. Wird als Backzutat oft mit anderen, fettärmeren Milchprodukten gemischt.

Frischkäse
Ohne ihn kein Käsekuchen: Die deutsche Version wird mit Quark zubereitet, die amerikanische mit Doppelrahmfrischkäse. Quark hat 20 % Fett i. Tr., Sahnequark 40 % und Doppelrahmfrischkäse 60 %. Fett i. Tr. (in Trockenmasse) gibt an, wieviel Fett die Quarkmasse enthält, wenn ihr die Flüssigkeit entzogen wurde.

Sahnejoghurt (auch Rahmjoghurt)
Cremiger Joghurt, wird ausschließlich aus Sahne hergestellt, mindestens 10 % Fett.

Saure Sahne
Durch Milchsäurebakterien gesäuertes Produkt mit mindestens 10 % Fett. Paßt gut zu frischen Beeren, auch als kalorienarmer Ersatz für Schlagsahne.

Schlagsahne
Hat einen Fettgehalt von mindestens 30 %. Je mehr Fett, desto besser läßt sie sich steif schlagen. Sahne, die dunkel und unter 6 °C lagert (Kühlschrankmitte), wird ebenfalls schneller steif.

Portwein
Trockene bis süße Weine aus weißen oder roten Trauben, die rund um die portugiesische Hafenstadt Porto vergoren werden. Sie reifen mehrere Jahre in Holzfässern. Hervorragend zu kräftigem Schimmelpilzkäse, als Verfeinerer in der Küche, als Aperitif- oder Dessertwein.

Sherry
Aperitif- und Dessertweine aus Andalusien, vor allem aus Jerez. Es gibt zwei Grundtypen: Fino (trocken, leicht, strohfarben) und Oloroso (trocken bis süßlich, würzig, dunkelgold). Zu den Finos gehört der bekannte Amontillado (halbtrocken bis trocken, vollmundig, dunkel). Medium Sherry ist ein süßlicher Amontillado-Verschnitt, Cream-Sherry dagegen ein mit Süßwein verschnittener Oloroso.

Tarte, Tartelettes
Aus dem Französischen: Tarte = Torte; Tartelettes oder Tortelettes = Törtchen. Oftmals aus Mürbeteig, mit Cremes und Früchten gefüllt und mit Aprikosenmarmelade oder mit Gelee glasiert.

Unterheben oder Unterziehen?
Unterheben: Vermengen zweier Massen unterschiedlicher Konsistenz mit einem Spatel, so daß sie locker bleiben (Beispiel: Eischnee unter Eigelbe für Biskuit). Unterziehen ist dagegen schneller. Arbeitsgerät: Schneebesen.

Teigsorten
Welcher Teig für welchen Kuchen? Hier eine kleine Übersicht:

Biskuit
Für feine Torten, Obstböden und Rollen. Enthält kein Fett, dafür viele Eier.

Blätterteig
Gewöhnlich für Kleingebäck und blättrige Schichtkuchen. Aufwendig herzustellen, alternativ empfiehlt sich tiefgekühlter Blätterteig. Besonderheiten beim Zubereiten: Je weniger der Teig bearbeitet wird (nicht kneten!), desto luftiger das Gebäck. Vorheizen auch bei Umluftherden notwendig.

Hefeteig
Für Blechkuchen, Zöpfe. Enthält weniger Fett und Zucker als andere Teige. Wenn es schnell gehen soll, ist Trockenhefe ideal, da kein Vorteig notwendig ist. Wichtig: Wenn Hefekuchen gestürzt werden soll, wie beim Gugelhupf, muß er noch warm sein. Sonst weicht er auf und klebt an der Form.

Mürbeteig
Fester Knetteig, der sich für Tortenböden, Tartelettes und Plätzchen eignet. Zutaten, Geräte und Hände müssen kühl sein, sonst kann der Teig beim Ausrollen reißen. Er läßt sich am besten zwischen zwei Lagen Frischhaltefolie ausrollen.

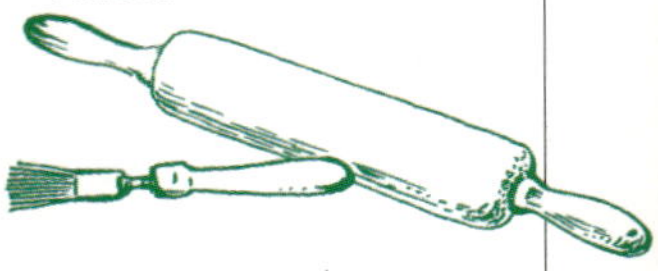

Rührteig
Saftiger Kuchenteig mit relativ viel Zucker und Fett. Die Teigzutaten werden verrührt und dann in die Backform gestrichen.

Vanille
Kapselfrucht einer exotischen Orchideenart. Reine Vanille ist als getrocknete Schote, Pulver oder Extrakt erhältlich. Bourbon-Vanille ist nach ihrer Herkunft benannt, der Insel Réunion im Indischen Ozean, ehemals Bourbon. Vanille-Zucker besteht aus Zucker und zerkleinerten Schoten oder Extrakt. Vanillin-Zucker enthält naturidentische Aromastoffe.

Zestenreisser (auch Juliennereisser)
Gerät, das feinste Schalenstreifen von Zitrusfrüchten löst.

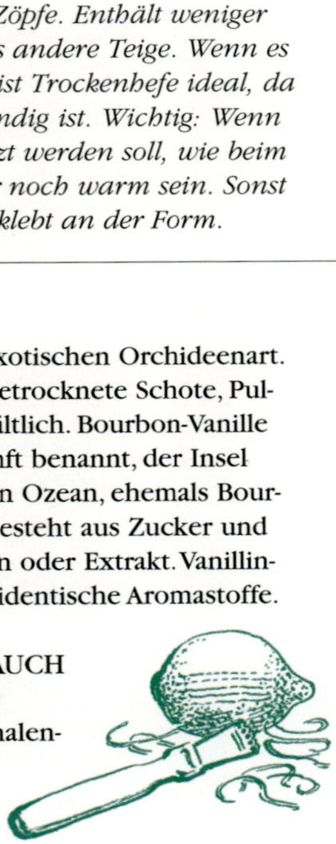

Zitrusfrüchte
Zitrone, Orange, Grapefruit, Mandarine; alle fernöstlichen Ursprungs. Heute rund um die Erde verbreitet, immer neue Kreuzungen kommen hinzu (Ugli, Minneola). Limetten und Limonen, die sehr aromatischen, tropischen Zitrusfrüchte, sind übrigens identisch.

REZEPTREGISTER

Impressum

Bildnachweis
Alle Titel- und Rezeptfotos:
Meister Verlag/International Masters Publisher B.V.
Michael Brauner, Food Photography Eising, Dorothee Gödert, Peter Rees, Manuel Schnell
Agenturfotos:
Einleitung: Focus: Salgado, Seite 4, oben links;
Fotex: Arndt, Seite 4/5, Mitte oben;
IFA Bilderteam: Gottschalk, Seite 5, oben rechts;
Tony Stone: Joseph, Seite 4/5 Mitte unten; Rosenfeld, Seite 4, unten links; Sacks, Seite 5 unten rechts;
Fotos zu den 'Typisch'-Abschnitten: Bavaria: Krauskopf, Seite 57; Seite 41; Seite 35; Bpk: Seite 48;Comstock: Seite 52; Focus: Seite 18, Bardens; Smith, Seite 44; IFA: Bohacker, Seite 61; Diaf, Seite 10; Jochem, Seite 20; Thiel, Seite 26; LDW, Seite 25;TPC, Seite 22; Vision Srl, Seite 12; The Image Bank: Seite 6; Lazomet, Seite 38; Okon, Seite 30; Rossi, Seite 51; Helga Lade: Rangnow, Seite 28; Rosenfeld, Seite 14; Thompson, Seite 54; Look: Acquadro, Seite 42; Greune, Seite 36; Heeb, Seite 9; Seite 58;Silvestris: Prenzel, Seite 32

Reproduktionen Kolb Repro GmbH, Oberschleißheim
Computer to plate: S-B-P-S GmbH Kirchberg
Druck und Weiterverarbeitung: Sebald Sachsendruck Plauen

ISBN 3-88477-008-X